KB274907

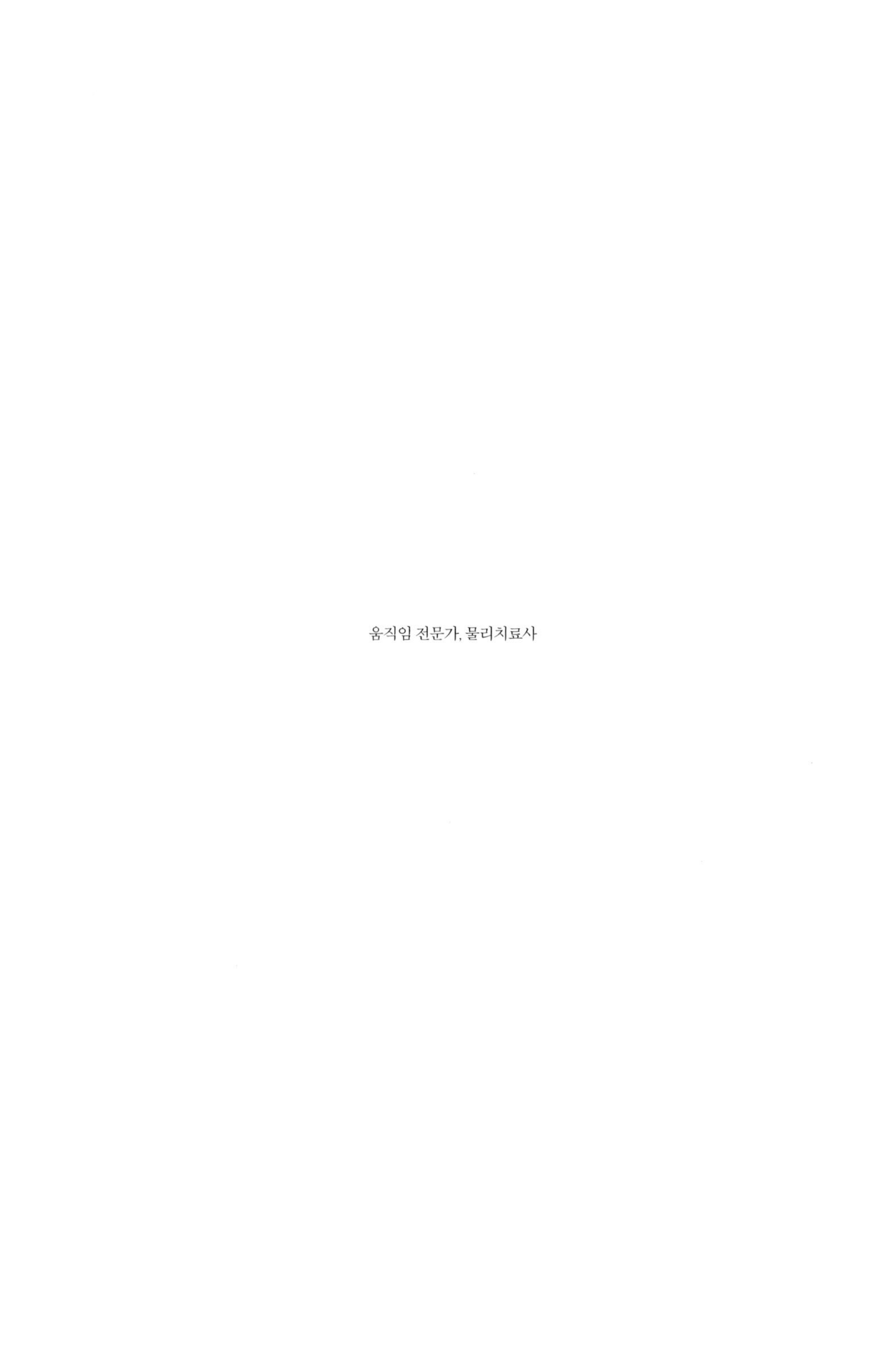

움직임 전문가, 물리치료사

BEGINNER SERIES 14

움직임 전문가, 물리치료사

글 안병택

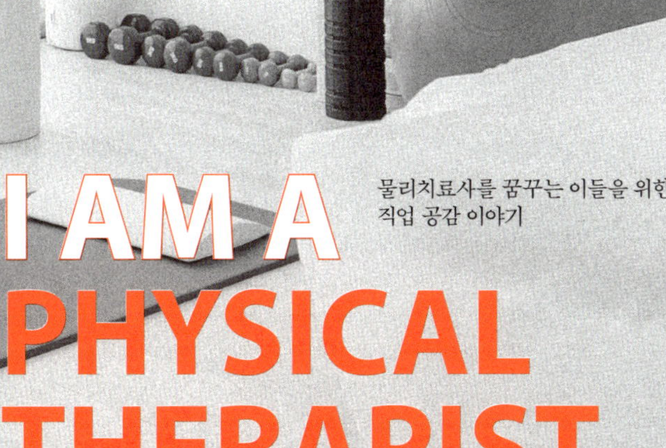

I AM A
PHYSICAL
THERAPIST

물리치료사를 꿈꾸는 이들을 위한
직업 공감 이야기

움직임 전문가, 물리치료사

크럭

CONTENTS

PROLOGUE

나 : 안녕하세요. 안병택 물리치료사입니다.
PD : 다시 가겠습니다.
나 : 안녕하세요. 물리치료사 (쉬고) 안병택입니다.

유튜브 촬영 현장 속 모습이다. 환자 재활을 돕는 물리치료사지만, 종종 유튜브와 방송을 통해 건강 관리법을 알린다. 방송 '큐' 사인이 돌면 자기소개를 한다. 처음에는 이름을 먼저 말하고 직업인 물리치료사를 말했다. 다음에는 물리치료사 직업을 먼저 말하고, 한 박자 쉬고 내 이름을 말했다. '물리치료사 안병택'이라고 말하니 안정감과 함께 발음하기 더 좋았다. 나는 촬영, 강의, 강연 등 무대에 서는 자리에서 물리치료사라는 직업을 먼저 말한다. 물리치료사 직업이 주는 전문성 덕을 보며 살고 있다.

물리치료학을 전공하면 졸업 후 활동하는 분야가 천차만별이다. 다양한 분야에서 활동하며 누군가는 환자 치료가 어렵고, 일하기 힘들다며 토로하기도 한다. 다른 누군가는 사람을 만나고 환자를 도우며 사는 일이 재밌다고 말한다.

나는 후자이다. 물리치료사로 사람을 만나며 소통하고, 생동감 있게 산다는 느낌을 받는다. 사람을 만나는 걸 좋아한다면 물리치료사 직업과 일에 관심을 가져보는 것도 좋다. 물리치료사는 한 사람을 오래 치료하기도 하고 새로운 사람을 계속 만나가며 치료하기도 한다.

어제 새로운 분이 오셨다. 60대 중반 여성으로 2년 전에 무릎 인공관절 수술을 하기 싫어서 절골술을 하셨다. 절골술 Osteotomy은 '뼈를 잘라서 각도와 위치를 재접합하는 수술'을 말한다. 유명한 의사 선생님이 인공관절 수술을 하기에는 나이가 애매하니 절골술을 권했다고 한다. 수술은 잘 된 것 같은데 걷기도 힘들고 평생 못 걷겠다는 생각이 든다고 했다. 약 사십 분 동안 이야기를 들었다. 그 속에는 환자의 니즈와 치료 목표, 방향이 있었다.

정확한 상태를 알기 위해서 관절 가동 범위, 근력, 테스트 등을 측정하고 평가를 했다. 환자분께 현재 기능 상태 설명과 함께 어떻게 치료할 것인지 설명했다. 앞으로 평생 제대로 걷지 못하는 건 아닌가 걱정했던 분의 표정이 밝아졌다. 의지를 다지셨다. 그렇게 소통하며 앞으로 수개월 동안 재활 과정을 함께 했다. 물리치료사는 환자를 치료하는 직업인이면서, 때로는 상담가로서 코치로서 친구처럼 환자와 동행한다.

국문과에 가고 싶었던 내가 이제는 물리치료학과에 진학하기를 잘했다는 생각을 한다. 고령 인구가 늘어나면서 물리치료사가 할 일이 더 많아졌다. 꼭 병원 안이 아니더라도 전공을 살려 할 일이 꽤 생겼다. 물론 병원 밖에서 일하기 위해서는 관심을 가지고 어떻게 진출할지 준비하고 노력해야 한다. 이 책에는 물리치료사가 어떻게 일하는지를 살피고 다양한 분야에 진출할 수 있도록 돕는 길잡이 내용을 담았다. 한 장씩 글을 읽다 보면 무슨 물리치료사 이렇게 많은 일을 해? 라고 반문할 수 있다. 물리치료사가 진출하는 분야와 일이 생각보다 많다. 여러 시행착오를 겪으며 처음 달려 나가고 있는 이야기도 있다. 물리치료사에 관심이 있어서 이 책을 집어든 분께 꼭 이 이야기를 하고 싶다.

흔들리는 나뭇가지처럼 불안한 마음으로 진로 고민을 할 10대 학생부터 물리치료학과 대학생, 그리고 물리치료사 후배들에게 도움이 되길 바라는 마음으로 문장을 고심하며 고치고 또 고쳤다. 책이 나오면 오타가 있으면 어쩌나, 오해가 될 내용을 담지는 않을까, 내심 걱정하면서도 진심 어린 마음으로 썼기에 그 마음이 전달되기를 희망해본다.

I am a physical therapist

Part 1 오늘의 물리치료사

1 물리치료사의 세계

물리치료학과에 막 입학했을 때 과연 이 길이 맞는지 고민
했다. 고등학생 때 진학하고 싶었던 전공이 아니었기 때문
이었다. 당시에는 대학 입학시험을 다시 준비해서 국문과
를 가고 싶은 마음이 컸다. 이 고민은 군대 전역 때까지 이
어졌다. 군 전역 후 그대로 복학했다. 대학생 때는 바빠서
시간이 빠르게 흘렀다. 동기, 선후배와 어울리며 대학 생활
을 하다 보니 어느새 졸업반이 되었다.

물리치료 전공생은 이론 공부와 실습을 한다. 실습을 하긴
하지만 정식 물리치료사가 아니기에 직접 환자를 치료할
수는 없다. 대학생 시절 동기들과 모의 실습하며 숙련의 과
정을 거친다. 물리치료사에 대해 진지하게 생각을 한 건 실
습을 나가면서였다. 실습생으로 병원을 가보니 정말 다양
한 환자가 있었다. 그들은 물리치료사의 도움이 필요했다.
병원에서 몸이 불편한 환자를 회복시키기 위해 땀 흘리며
재활을 돕는 물리치료사가 인상적이었다.

분명 처음에는 불안하게 걷던 환자가 치료사의 손길을 통해

짧은 시간에 안정적으로 걷게 되었다. 환자는 "고맙습니다, 선생님."이라며 치료사에게 감사함을 표했다. 인상적이었다. 병원 실습을 경험하면서 이 직업이 내 성향과 맞다는 것을 알게 되었고, 물리치료사로서 잘해내고 싶다는 의지가 생겼다. 그때부터 열정적으로 공부하고, 전공과 직업에 자부심을 가졌다.

졸업 후 스포츠재활 전문병원에서 일을 시작했다. 이직도 두 번 하며 통증치료실, 도수치료실, 운동치료실, 체외충격파치료실 등에서 병원 경험을 쌓았다. 무슨 바람이 불어서인지 서른 살에는 미국으로 훌쩍 떠나 공부를 하고 왔다. 병원을 떠나 재활운동센터를 운영하면서 하고 싶은 일을 마음껏 했다. 그렇게 물리치료학과를 망설이던 내가 어느새 17년 차 물리치료사가 되었다.

물리치료사는 병원에서만 일하지 않는다. 자신이 원하는 일을 만들어서 사람이 잘 움직일 수 있도록 돕는 모든 분야에서 활동할 수 있다. 그래서 물리치료사는 움직임 전문가로 불린다. 사람의 움직임을 분석하고 치료하는 재미있는 직업이다.

Q1
물리치료사는
어떤 일을 하나요?

몇 년 전까지는 이 질문에 대해 다소 장황하게 설명했다. 그만큼 활동하는 분야나 업무가 많기 때문이다. 조금이라도 물리치료사의 역량을 더 알리고 싶은 마음이었지만, 의도와 다르게 긴 설명은 직업을 잘 표현하지 못했다. 오히려 지금은 간명하게 말한다. 물리치료사는 '움직임 전문가'라고. 환자가 불편하면 잘 움직이지 못한다. 그래서 잘 움직이도록 도와주는 일을 하는 의료 보건 전문가라고 설명한다. 조금 더 풀어 설명하면, 물리치료사는 환자의 통증을 줄이고, 기능 부전을 회복시키기 위한 수단으로 도수치료, 운동치료, 열·전기치료, 수치료 등의 물리치료 업무를 한다.

물리치료는 영어로 'Physical therapy' 또는 'Physiotherapy'로 표현한다. 'physical'은 형용사로 '육체신체의, 물질물리적인' 의미가 있다. 'therapy'는 '치료, 요법, 상담, 처방'을 의미한다. 따라서 물리치료사는 신체를 잘 움직이도록 상담, 치료, 처방하는 일을 하는 직업이다. 전 세계 물리치료를 대표하는 세계물리치료연맹World Physiotherapy의 물리치료사 정의와 업무 범위를 살펴보자. 세계물리치료연맹은 1951년에 설립되었고, 전 세계 128개 회원국 단체의 약 60만 명 이상 물리치료사를 대표하는 물리치료 국제 조직이다.

세계물리치료연맹은 "물리치료사는 사람들의 최대 움직임과 기능적 능력을 발달, 유지 및 회복시키는 서비스를 제공한다. 노화, 손상, 질병, 장애, 신체 상태 또는 환경적 요인으로 인해 움직임과 기능이 위협받는 삶의 어느 단계에서든 사람들을 도울 수 있다. 물리치료사는 신체적, 심리적, 정서적, 사회적 웰빙을 고려하여 사람들에게 삶의 질을 최대화하도록 돕는다. 물리치료사는 건강 증진, 예방, 치료 중재 및 재활 분야에서 활동한다."로 정의_{공식 홈페이지 참조}했다. 나는 세계물리치료연맹의 길지만 가슴 두근거리는 물리치료사 정의를 사랑한다. 하나 덧붙이자면, 물리치료사는 경력과 실력이 쌓일수록 더 인정받는 직업이라고 말하고 싶다. 얼마나 멋진 직업인가!

Q2
물리치료사의 일과는
어떻게 되나요?

물리치료사 일과는 세부 분야와 업무 환경에 따라 차이가 있다. 보통 업무는 오전 9시에 시작한다. 10~20분 전에 출근해서 치료 복장으로 갈아입고, 환자 예약 및 차트 확인 등 준비를 한다. 치료실은 예약제로 운영되거나 접수 순서대로 치료하는 경우로 보통 나뉜다. 도수치료실, 운동치료실 업무가 예약제로 운영될 경우 하루 시간표는 다음과 같다.

시간	업무
08:50	출근 및 치료실 업무 준비
9:00 ~ 12:30	오전 치료
12:30 ~ 13:30	점심시간
13:30 ~ 18:00	오후 치료 및 치료실 정리
18:00	퇴근

일반적으로 대학병원, 종합병원, 준종합병원, 의원급 병원은 도수치료실, 운동치료실 부서에서 근무하는 경우 오전, 오후 치료 시간이 예약되어 있다. 치료 시간은 20분, 30분, 40분, 60분 등 치료실 프로그램마다 차이가 있다. 예를 들

어, 30분 단위로 예약이라면 오전 9시부터 9시 30분까지
첫 타임, 9시 30분부터 10시까지 두 번째 타임, 이런 식으
로 치료 시간이 정해진다.

예약한 환자가 치료실에 들어서는 순간 업무는 시작된다.
환자의 표정, 자세, 걸음걸이 등을 관찰하며, 치료 공간으로
안내한다. 차트와 비교해 추가적인 정보가 있는지 확인하
고 평가한다. 치료 시간 동안 환자 질문에 답변하거나 신경
써야 할 부분을 설명하며 치료를 수행한다. 때때로 준비한
치료 프로그램과 다르게 수정하면서 치료하는 경우가 꽤
있다. 환자 몸은 시시각각 변하기에 환자와 잘 소통하며 일
하는 게 관건이다. 치료가 끝날 무렵 집에서 할 수 있는 간
단한 운동이나 스트레칭 등의 관리법을 지도한다. 피해야
할 자세나 습관도 이때 알려준다.

오전 치료 후 점심시간 동안 식사를 하고 휴식을 취한다. 직
장인과 별반 다를 게 없다. 점심시간 후 오후 치료가 끝나는
오후 6시 이전에는 사용했던 치료 도구 등을 정리한다. 치
료 타임 중간에 비는 시간 동안 환자의 치료 내용을 차트에
기록하거나 다음 치료 프로그램을 구성하기도 한다.

오후 6시가 되면 퇴근한다. 다만 병원 치료실마다 환자 사
례나 치료 기술 등을 교육하는 경우가 있다. 환자에게 필요
한 치료를 점검하고 전문적인 치료를 위해 숙련하는 시간

이다. 나는 첫 직장에서 주당 오전 교육을 2회, 저녁 교육을 3회씩 진행했다. 일과 후 피곤했지만, 교육을 통해 실력을 갈고닦을 수 있었다. 더 나은 치료를 위해 치료사로서 많이 성장하고 고민한 시간이었다. 소중한 기억으로 남아 있다.

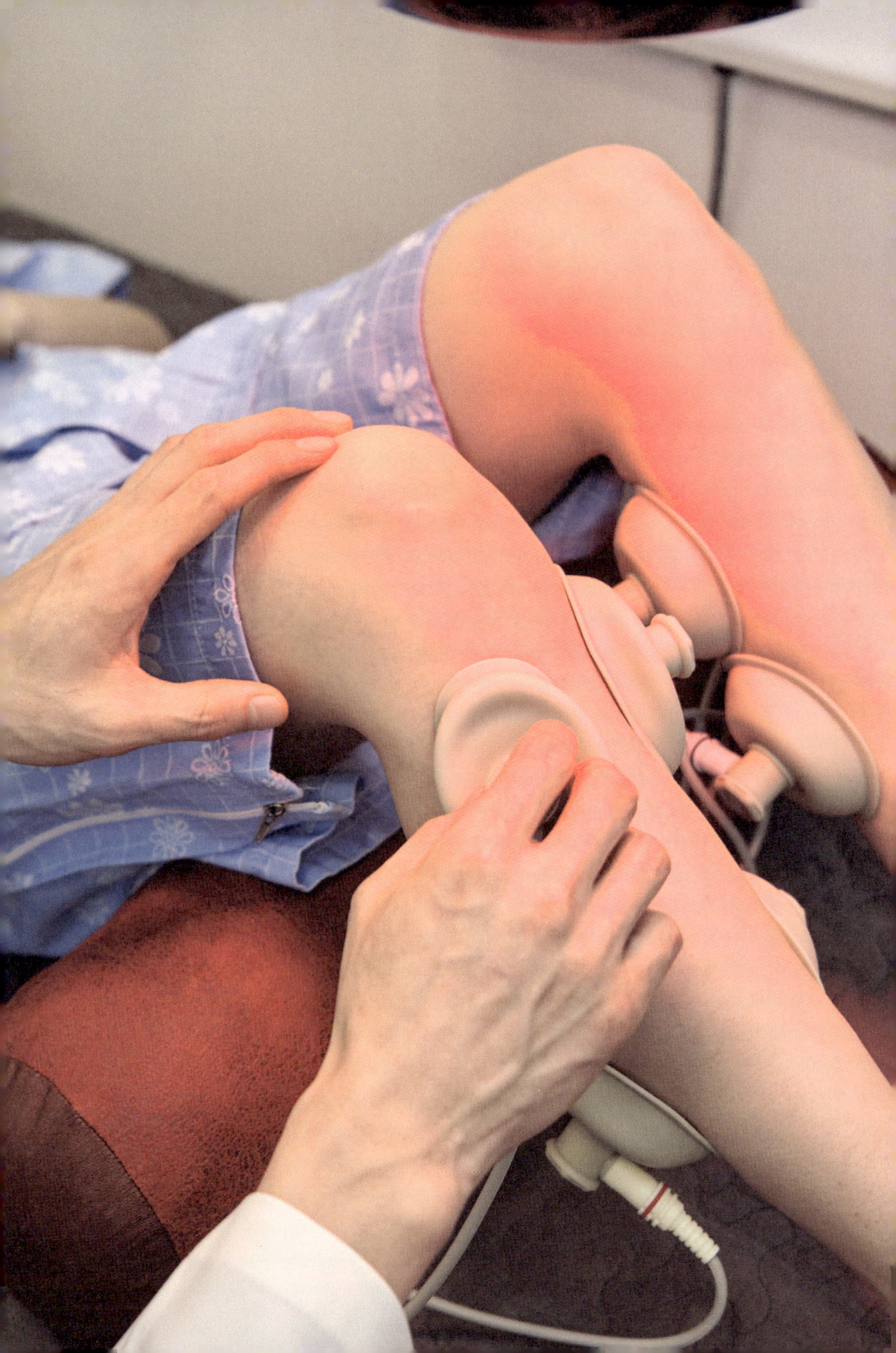

Q3
하루에 몇 명의
환자를 치료하나요?

하루에 몇 명의 환자를 치료하는지는 부서와 업무에 따라 다르기 때문에 일률적으로 설명하기 어렵다. 통증치료실 부서에 있을 때, 열·전기치료와 간단한 운동 처방이 나왔다. 환자가 접수한 순서대로 치료를 진행했다. 핫팩 또는 냉팩, 경피신경전기자극치료TENS 또는 간섭파전류치료ICT, 초음파 등 처방이 나오면 보통 30~40분 정도 소요된다.

치료실에 치료 테이블이 10개면 10명 환자를 동시에 치료한다. 산술적으로 30분 타임을 기준으로 하루 8시간 업무를 쉴 새 없이 한다면 16타임이 나온다. 한 타임당 10명씩 16타임이면 하루 160명을 치료하게 된다. 극한 직업으로 보일 수 있다. 하지만 그렇게 기계적으로 일하는 상황은 없다. 치료실은 부서와 팀 개념으로 일하므로, 여러 명의 물리치료사가 있다. 보통 물리치료사 한 명당 하루 많게는 30명까지 열·전기치료를 한다.

물리치료사가 병원에서 많이 하는 도수치료실, 운동치료실에서는 1시간 치료 시간제 기준이면 하루 8명, 30분 단위치료 시간이면 16명을 치료한다. 이는 예약표가 빼곡하게 모두 찼을 때 기준이다. 어떤 날은 환자가 적을 수도 있고, 많을 수 있다. 매일 과도한 업무에 시달리지 않으니 두려워할 필요는 없다.

많은 눈이 오거나 태풍이 오는 날은 하루 치료하는 환자가 손가락 안에 꼽힐 때도 있다. 2011년 겨울, 폭설이 내렸다. 신경계 환자를 재활하는 운동치료실에 근무할 때였다. 척수손상 흉추 레벨 환자 한 분이 전동 휠체어를 이용해 오셔서 치료했던 기억이 난다. 이처럼 몸이 불편한 환자가 병원에 올 때나 기상 여건 등의 요소가 있으면 치료 환자 수에 영향을 준다.

스포츠 분야는 여러 선수를 동시에 지도하는 경우도 있다. 선수 한 명을 전담해서 일하는 경우 하루 한 명만 온전히 치료하고 운동하며 관리한다. 물리치료사는 치료 업무만 있는 게 아니라 치료한 내용을 의료 차트에 기재하는 등 행정 업무가 있는 날도 있다. 분야와 여건에 따라 다양한 방식으로 환자를 치료하고 일한다.

Q4
물리치료사는
어떤 분야에서 일하나요?

물리치료 분야는 다양하게 세분되어 있다. 관련 학과를 졸업하고 진출할 수 있는 분야도 다양하다. 현대에는 평균 수명이 늘었고, '건강 수명'을 연장하고자 하는 사람들도 많아지고 있어서 물리치료사가 영역을 확장해 나갈 여지가 많이 있다. 물리치료사 면허를 취득한 뒤 우선 취직하여 경험을 쌓는 것이 좋다. 다양한 분야에서 경험하다 보면 자신의 흥미와 적성에 맞는 곳을 찾을 수 있을 것이다.

보건의료기관 물리치료사는 대학병원, 종합병원, 준종합병원, 재활병원, 요양병원, 한방병원, 개인 의원, 보건소에서 일하는 물리치료사를 말한다. 병원은 순환 근무를 하는 경우가 흔하다. 첫 직장인 스포츠재활 전문병원에서 일했을 때 통증치료실, 체외충격파치료실, 운동치료실을 순환 근무하며 경험을 쌓았다. 보건소, 보건지소의 경우 보건직 공무원 시험에 합격하거나 계약직으로 일한다.

장기요양기관 및 재활 관련기관 물리치료사는 요양원이나 노인주간보호센터에서 일할 수 있다. 고령층 인구가 증가하면서 요양시설에 물리치료사가 상주하여 근무하는 경우가 늘고 있다. 침상에 누워 있는 분을 관절 운동하는 일과 거동이 가능하도록 근력 운동과 보행훈련을 돕는다. 노쇠하지 않고 일상생활이 지장이 없는 분은 놀이를 이용한 신체활동을 통해 기능을 향상시킨다. 치료 대상자 상태에 따라 재활을 돕는 형태는 다양하다.

사회복지 관련 시설 물리치료사는 장애인복지관, 노인복지관, 종합사회복지관, 특수학교 및 보육시설_{장애아동 전담 어린이집 등}의 특수교사 및 치료사로 일하는 경우다. 시립, 구립의 사회복지 관련 시설에 진출하는 경우 안정적인 근무 환경이 보장된다. 장기요양기관 및 재활 관련기관에서 일하는 물리치료사와 업무는 비슷하다. 대상에 따른 프로그램을 구성하고, 기관의 특색에 맞게 업무가 달라진다.

의료기기 및 운동기기 분야 물리치료사는 치료기기나 재활 로봇을 만드는 의료기기 회사 또는 보조기를 제작하는 재활공학 회사의 물리치료사를 말한다. 나는 임상 3년차 때 병원에서 일하면서 이 분야로 이직 준비를 했다. 독일에서 균형 장비를 수입하는 회사와 미국에서 통증 조절용 의료기기를 수입하는 회사 두 곳에 지원해 합격했지만, 출근을 포기해서 업무 경력은 쌓을 순 없었다. 이 밖에도 운동기구를 제조, 유통하는 회사에서도 일하기도 한다.

공공기관 물리치료사는 보건복지부 산하 국립재활원, 보건의료관련 공단^{국민건강보험공단 등}, 공무원^{보건직 공무원, 의료기술직공무원, 일반행정 등}, 군무원^{재활분야} 등 공공기관에서 일하는 물리치료사를 말한다. 공공기관은 공개채용과 특별채용 분야로 나뉘며, 각 기관 마다 채용 과정과 시기가 다르다. 공공기관에 진출하고 싶은 경우 채용 공지를 잘 확인해서 지원해야 한다.

산업보건 분야 물리치료사는 대기업과 중견기업에서 직원 보건과 복지를 위해 만든 산업체 건강증진센터에서 일한다. 보통 산업체 물리치료사라 일컫는다. 해당 기업에 다니는 임직원은 신체에 문제가 있을 때 건강증진센터를 방문한다. 이곳에서 치료받거나 사내 프로그램에 따라 복지 차원에서 스트레칭, 운동 등 건강증진 프로그램을 이용한다. 학교 의무실이나 보건실에서 근무하는 사례도 이 경우로 본다. 한편, 산업재해 전문병원에서 산업재해 환자를 전문으로 치료하는 물리치료사도 있다. 산업재해 환자는 일터에서 일하는 중에 부상이나 질병 등을 당해 치료와 재활이 필요한 근로자 환자를 의미한다. 업무 중 시설에 부딪히거나 설비에 끼이거나 넘어지는 외상을 비롯해 반복적인 동작을 해서 생긴 통증과 기능 문제도 포함한다. 출퇴근하며 생긴 사고와 문제도 산업재해로 인정하는 경우도 있다. 산업재해 전문병원에서 일하는 경우 산업재해 환자의 재활을 돕는다. 산업재해는 예방이 중요하므로 물리치료사가 기업, 공공기관을 찾아가 예방 교육도 흔하게 한다.

스포츠 분야 물리치료사는 국가대표팀이나 스포츠 구단 등에 소속되어 선수 재활 및 트레이닝을 돕는다. 초·중·고등학교 스포츠팀이나 스포츠재활병원에서 일하기도 한다. 골프 선수나 유명 스포츠 선수의 개인 치료사로 국내외를 오가며 선수를 관리하는 사례도 있다. 스포츠 기관 의무실이나 운동처방실, 스포츠연구소에서 일한다. 스포츠 대회에 의무 지원으로 파견되는 경우도 있다. 스포츠 종목이나 팀 형태에 따라 업무가 달라진다.

예술 및 문화 분야 물리치료사도 있다. 드물지만 엔터테인먼트 업계, 뮤지컬 공연팀, 발레 공연팀에 소속되어 아티스트의 부상 관리 및 예방을 위해 일한다. 보통 병원이나 스포츠센터와 업무협약 후 대회나 공연 등 특정 이벤트에 동행하여 일하는 사례가 흔하다. 예술 및 문화 분야 종사자는 업무 협약된 병원에 찾아오거나 반대로 공연 장소로 찾아가 관리를 받기도 한다.

건강증진센터 물리치료사는 필라테스센터, 스포츠재활센터, 피트니스센터, 체형관리실, 발달재활센터발달재활 국가자격 취득 등에서 트레이너로 일할 수 있다. 요즘은 병원에서 임상 경험을 쌓고, 센터 등에서 일하는 물리치료사 많아지는 추세이다. 예를 들어, 물리치료사 출신 필라테스 강사는 인기가 많은 편이다. 병원 재활 경험이 있어 몸이 불편한 분에게 맞춤 프로그램을 제공하기 때문이다.

방문재활 분야 물리치료사는 물리치료사가 집으로 찾아가 재활을 돕는 방문재활 서비스를 제공하는 물리치료사를 말한다. 2025년 7월 기준, 4단계 시범사업 중으로 전국 53개 회복기 재활의료기관에서 방문재활을 하고 있다. 보건소나 공공기관에 소속되어 지역사회중심재활CBR 사업의 일환으로 방문운동 서비스를 하는 경우도 있다. 돌봄통합 서비스 속 방문운동 강사로 물리치료사가 활동할 수 있다. 돌봄통합 서비스는 2025년 7월 기준 현재 131개 지자체에서 시범사업 중이며, 2026년 3월 본 사업으로 전환된다. 지자체가 운영주체로 방문운동이 필요한 분을 물리치료사와 연결해 서비스를 이용한다. 방문재활, 방문운동 분야는 점점 활성화되어 성장하는 분야 중 하나다.

교육 분야 물리치료사도 있다. 대학원 졸업 후 교수가 되는 경우 대학생과 대학원생을 대상으로 강의하고 연구한다. 물리치료사는 졸업 후에도 관련 학회를 중심으로 많은 공부를 해야 하는 분야이므로 학회 강사가 될 수도 있다. 이외에도 기업, 공공기관에 초청되어 강의와 교육을 활발히 진행한다. 현대 사회에서 건강의 중요성이 늘어나 강의, 강연, 교육하는 물리치료사가 늘어나고 있다.

해외 취업 물리치료사가 될 수도 있다. 미국, 캐나다, 영국, 호주, 뉴질랜드, 독일, 아랍에미리트 등 해외에서 취업해 활동하는 것이다. 각 나라의 물리치료사 면허 취득과 취업 기준이 다르다. 특히 미국은 각 주마다 물리치료사 면허 취득 기준이 다르다. 해외 취업을 원하는 경우 해당 나라의 면허 취득과 취업 사례를 잘 준비해 취업하는 사례가 늘고 있다. 해외로 유학을 떠나거나 물리치료사 면허 취득 후 해외에서 활동하는 물리치료사가 꾸준히 나오고 있다.

언론 미디어 분야 물리치료사는 방송, 유튜브, SNS 인플루언서로 활동하며 물리치료 건강지식을 알린다. 신문이나 대기업 칼럼니스트, 인터넷신문의 기자가 되거나 건강 도서를 출간하는 작가로 활동하기도 한다.

Q5
물리치료사와 의사는
어떤 관계인가요?

의사와 물리치료사는 밀접한 관련이 있고 각각 전문적인 역할이 있다. 환자는 의사에게 검사와 진료, 처방을 받는다. 그 처방을 가지고 물리치료사에게 치료를 받을 수 있다. 물리치료사는 물리치료실에서 환자의 세부적인 평가, 치료 및 상담을 한다. 표면적으로는 의사의 처방이 나와야 물리치료를 실시할 수 있지만, 물리치료 영역에서는 물리치료사의 재량이 큰 편이다. 예를 들어, 오십견 도수치료 처방이 나오면 물리치료사는 오십견에 맞는 평가와 환자 개인에 맞는 근육 이완 및 관절운동을 수행한다. 의사 처방에 어떤 근육을 이완하고, 관절을 어떤 방향과 힘으로 운동하라는 내용은 없기 때문이다.

어떤 면에서는 의사에게 절대적인 처방권이 있기에 의사와 물리치료사가 수직적인 관계로 보일 수 있다. 이는 우리나라 독특한 의료체계로 인한 현상이다. 의사 처방 하에 물리치료를 하는 나라는 전 세계적으로도 손가락에 꼽을 정도로 적고, 그중 하나가 우리나라다. 대부분 외국의 경우 물리치료사는 의사처럼 단독 개원을 한다. 물리치료 클리닉을 개원할 수 있다는 의미다. 외국의 물리치료사는 환자를 직접 진단, 평가 후 치료까지 수행한다. 따라서 별개의 의료 체계로 환자를 치료할 수 있다.

우리나라 병원에서 의사와 물리치료사가 일하는 의료시스템 구조상 장점도 있는 편이다. 환자는 한 곳에서 다양한 치료를 받을 수 있다. 물리치료만으로 해결되지 않는 사례의 경우 주사, 약, 수술 등도 필요하지 않은가. 또한 병원 내에서 의료 차트와 각 업무 영역의 장점을 살리며 소통한다.

물리치료사가 전문성을 가지고 일하면 의사도 업무 범위를 자연스레 인정한다. 오히려 의사가 물리치료 효과를 기대하며 적극적으로 치료를 요청하기도 한다. 의사도 물리치료사를 전문가로서 인정하고 일하는 관계가 된다. 중요한 건 환자가 빨리 회복하기 위해 서로 협력해야 하는 역할이라는 것이다. 본질은 환자의 빠른 회복이다.

2 물리치료사의 자질

I am a physical therapist

"넌 졸업만 하고, 공무원 시험 준비해서 공무원 해라."
대학병원 실습 때 물리치료사 선생님이 내게 했던 말이다. 당시 나는 머리를 단발로 길러 대학생 시절을 만끽하고 있었다. 실습생이 단발머리를 하고 있으니 마음에 들지 않았던 건지 마주칠 때마다 머리를 자르라고 말했다. 잔소리를 흘리듯 계속 듣고 넘겼다. 그러다 실습을 3일 남기고 머리를 단정하게 잘랐다. 그제서 그 선생님은 "물리치료사 해도 되겠다." 하며, 흐뭇한 표정으로 나를 바라보셨다. 어느덧 물리치료사가 된 나는 병원에서 일하며 실습생들을 만나게 되었다. 그제야 머리나 옷매무새가 단정치 않으면 치료사로서 신뢰감을 줄 수 없다는 것을 느끼고 실습생 시절 자질이 부족했던 나를 돌아볼 수 있었다. 실습생을 지도하는 상황이 되어 입장이 바뀌니 선생님의 마음에 공감이 됐다.

"술 냄새 풍기고 일하러 올 거면 그만둬라."
2년 차쯤 되었을 때, 술 냄새를 풍기며 반쯤 감긴 눈으로 출근하는 나에게 팀장님이 했던 말이다. 평소 아낌없이 주는 나무처럼 온화한 성품을 가져서 존경하던 팀장님이 불호

령을 내렸다. 그 말을 들으니, 술이 확 깼다. 마스크를 쓰고 그 하루가 빨리 지나갔으면 하는 마음으로 일과를 마쳤다. 부끄러운 순간이었다. 물리치료사는 의료보건서비스를 하는 직업이다. 환자를 매일 만나고 치료를 할 때, 물론 실력이 가장 중요하지만 그에 못지 않게 외관상 잘 준비된 모습도 필요했다. 이후로 나는 거울을 자주 보며 외모를 살폈다. 치료복도 구김 없이 입고, 신발도 깨끗하게 신었다. 치료 공간도 매 환자가 치료를 마칠 때마다 정리했다.

내 가족 중 한 명이 아파서 치료를 받으러 왔는데, 치료사가 술 냄새를 풍기며 피곤해하며 대충 치료하는 상황을 상상해 봤다. 기분이 나쁜 수준을 넘어서 직업에 대한 선입견이 생길 듯했다. 나는 이전의 태도를 반성하며, 같은 상황이 반복되지 않게 노력했다. 아침에 좋은 컨디션으로 집을 나설 수 있게 출근 전날부터 몸과 마음가짐을 바로 했다. 은인 같은 선배들이 있어 잘못을 바로 알았다. 하지만 그것은 꼭 물리치료사가 아니더라도 갖춰야 할 사회인으로서 기본이었다. 인사를 잘하고, 친절하게 설명하고, 빨리 회복되길 바라며 최선을 다해 노력하는 자세와 행동은 누가 말하지 않아도 알 수 있는 태도다. 이렇게 누구에게나 중요한 기본이 곧 물리치료사의 자질이다. 타고난 성품이나 소질이 부족해도 기본적인 자세와 태도가 있다면 물리치료사로서 일할 수 있다.

Q1
일할 때 꼭 필요한
능력이 있나요?

가장 중요한 능력은 환자 치료를 잘하는 것이다. 물리치료사는 환자를 치료하는 직업이다. 환자는 불편한 몸을 고치기 위해 병원을 찾고, 치료사를 만나게 된다. 저년 차 때 경험이 부족한 것은 꾸준히 공부하고 노력한다면 시간이 흐르면서 해결된다. 연차와 경력이 쌓였음에도 치료 실력이 부족하다면 물리치료사로 일하는 게 고된 상황의 연속일 수 있다. 그저 월급을 받기 위해 일하지 않고, 치료를 잘하기 위해 공부하고 성장하는 것이 필요하다. 치료 실력은 물리치료사의 직업 수명과 직업적 보람을 느끼게 하는 가장 우선되는 능력이다.

더불어 책임감과 감정조절 능력이 필요하다. 어떠한 상황에서도 환자를 의연하게 대해야 한다. 치료하면서 당황하거나 놀라면 안 된다. 환자는 치료사에게 의지를 많이 한다. 몸이 아프면 마음도 약해지고, 전문가에게 의지하며 빨리 낫길 희망한다. 그런데 환자의 증상이 심하거나 돌발 상황이 있을 때 환자보다 물리치료사가 더 놀라거나 초조해한다면 어떨까? 환자는 치료사를 신뢰하지 못한다. 환자의 상태나 상황을 공감하는 것과 다른 의미다. 환자가 치료사를 듬직하게 믿을 수 있도록 치료사는 의연해야 한다.

때때로 치료실에서 벌어질 수 있는 다양한 상황을 상상하기도 한다. 환자가 낙상하면 어떻게 할까? 내가 하는 치료를 거부하면서 다른 치료를 원하면 어떻게 할까? 환자가 다른 환자와 시비가 붙어 경찰을 부르면 어떻게 할까? 갑자기 펑펑 울며 주저앉으면 어떻게 할까? 치료사 동료가 마음에 안 든다고 험담할 때 어떻게 할까? 이는 실제로 있었던 사례이기도 하다. 이보다 더 다양한 상황이 생긴다. 의연함은 타고난 성격으로 대처하기도 하지만, 경험이 쌓이면서 길러지기도 한다. 물리치료사의 의연함이 환자를 지키고, 치료사 자신을 지키는 능력이 된다.

치료사 자신의 건강도 잘 챙겨야 한다. 물을 머금은 무거운 핫팩을 여러 장 나르거나 허리를 숙여 일하거나 체중이 많이 나가는 환자를 보조할 때 몸이 상할 수 있다. 반복적인 치료 동작으로 일하면서 탈이 나기도 쉽다. 내 몸이 아프면 환자 치료에도 어려움이 생길 수 있다. 환자가 환자를 치료하는 상황이 되지 않도록 평소 건강관리를 꾸준히 해야 한다. 함께 일한 동료 중에도 허리디스크로 수술하거나 손목, 어깨가 고질적으로 말썽을 부려서 일을 그만두는 경우도 여럿 봤다. 치료사도 사람인지라 아플 때 마음이 약해진다.

직업적으로 발전하기 위해서는 꾸준히 배우는 자세가 필요하다. 대학생 때 학업은 물리치료학 기본 지식과 면허 취득을 위한 과정이다. 임상에 나오면 공부할 것이 훨씬 더 많다. 초반에는 쉴 틈 없이 환자를 치료하고 공부하는 일상이 이어진다. 모르면 환자를 치료할 수 없으니 난감하고, 환자를 만나는 시간이 오면 두려워진다. 치료의 재미도 느끼지 못한다. 하지만 많이 알고 숙련되면 점점 더 재밌어진다. 환자를 치료하면서 치료 지식이나 예방 및 관리 방법 등을 알려줄 수도 있는데, 숙련된 물리치료사는 어느 순간 환자에게 인정을 받는다.

Q2
물리치료사 일에
잘 맞는 성격이 있나요?

물리치료사로 일하기에 좋은 성격은 'I'형, 'E'형 같은 유형이 아니다. 의사소통 능력이 있다면 모두 잘 해낼 수 있다. 끊임없이 소통해야 하기 때문이다. 환자 외에도 동료 치료사나 타 부서 직원 등 많은 사람들과 이야기해야 한다.

"누웠을 때 허리에 뜬 공간이 없어지도록 몸으로 방바닥을 누르고, 10초 유지하는 운동을 하루에 100번씩 하세요."

환자에게는 집에서 할 수 있는 운동을 구체적으로 가르쳐주고, 다음 치료 시 환자가 방문하면 하루에 몇 번 실행했는지를 물어본다. 환자는 멋쩍은 표정으로 두 번 했다고 말하곤 한다. 집에서도 운동을 잘할 수 있도록 묘안을 내야 하는데, 환자 여건을 고려하지 않으면 운동 방법을 알려줘도 실천으로 이어지기 어렵다.

이 환자는 직장에서 야근을 주 5일 빠짐없이 한다. 앉아 있는 시간이 많은 환자에게 누워서 100번 운동하라고 했으니 어려움이 있었다. 그 사정을 알고 난 뒤에는 앉아서 할 수 있는 운동과 자세를 자주 바꾸라는 현실적인 조언을 했다. 그다음 방문 때는 자세를 많이 바꿨다고 말하는 환자의 상태가 꽤 호전된 것을 확인할 수 있었다.

인내심이 강한 사람도 물리치료사에 잘 어울린다. 환자가 좋아질 때까지 최선을 다해 노력하며 기다려야 하기 때문이다. 환자의 재활 과정은 길다. 한두 번 만에 치료되는 경우는 극히 드물다. 급성 통증으로 온 환자나 증상이 가벼운 환자는 간혹 한두 번의 치료로 낫기도 하지만, 만성 통증 환자나 특별한 수술 후 재활해야 하는 환자는 보통 수개월 내지 일 년 이상도 소요된다.

신경계 질환 환자의 경우는 더 나빠지지 않도록 유지를 목표로 해야 하는 경우가 있다. 치료사는 환자보다 먼저 포기해서는 안 된다. 재활이 오래 걸릴 수 있다는 점을 항상 알고, 어느 정도의 기간이 걸리는지 환자와 먼저 이야기해야 한다. 그래야 지치지 않고 지속할 수 있다.

참을 인忍에는 '잔인하다, 동정심이 없다'라는 의미가 있다. 때로는 환자의 의지가 약해서 잘 못 따라가거나 빈둥대며 치료 시간을 보낼 때가 있다. 이때는 다른 의미의 참을 인忍이 발동해야 한다. 측은지심을 가지고 치료하되 환자를 칭찬하고 격려하며 목표로 한 프로그램을 잘 마쳐야 한다. 엄격하고 숙련된 조교처럼 환자를 이끌어야 하는 것이다.

이는 스포츠 선수를 재활할 때 많이 적용되는 상황이다. 초·중·고 학생들은 엄살을 피우며 순간을 모면하려고 하는 경향도 있다. 상황에 맞게 어르고 달래며 지도해야 한다.

호기심이 많은 것도 물리치료사로서 적합한 성격이라고 할 수 있다. 환자를 관찰하고, 불편함의 문제에 대해 끊임없이 질문하며 평가하고, 다양한 방법으로 치료 프로그램을 적용할 수 있어야 하기 때문이다. 사람에 대한, 치료에 대한 호기심이 적으면 매번 같은 루틴의 치료를 하게 되고 치료사 일도 단조로워진다. 지하철에 서 있는 사람, 도보하는 사람, 운동하는 사람들을 지켜보면서 그에게 무슨 문제가 있고 어떻게 더 좋아지게 만들 수 있을까 고민한다면 물리치료가 정말 재미있고 즐거운 일이 될 것이다.

학생 때는
어떤 경험을 하면 좋을까요?

물리치료학 전공은 고등학교 때 배운 내용과는 다른 의학, 과학 위주의 과목을 학습한다. 이런 부분은 졸업반 때 물리치료사 면허 취득을 위해 많이 할 수밖에 없으므로, 대학 시절에는 공부보다는 봉사활동이나 여행, 운동을 많이 경험해 보면 좋을 것 같다.

물리치료사는 봉사하는 마음가짐으로 일하는 직업이다. 대학생은 환자를 직접 치료할 기회가 없으니, 봉사활동에 다니며 비슷한 경험을 쌓으면 좋다. 미리 업무를 경험하면서 보람도 느끼고 마음가짐도 훈련할 수 있다. 물리치료학과에서는 크고 작은 스포츠 대회에 의무 지원을 나가 테이핑이나 마사지 등으로 선수를 관리하는 봉사를 하러 간다. 대학과 연계된 사회복지 시설에서 어르신과 장애인에게 스트레칭과 운동을 지도하며 봉사하기도 한다.

대학생 때 친구들과 함께 의무 봉사활동이 아닌 병원 행정 부서로 봉사하러 간 적이 있다. 행정 직원의 안내를 받아 병원 내 비치되는 물품을 정리하는 일이었다. 행정 직원들은

I am a physical therapist

보이지 않는 곳에서 다른 동료가 편하게 일할 수 있게 준비하는 일을 했다. 이 봉사활동을 하면서 치료사가 아닌 타 부서 직원에 대해서도 관심을 갖게 되었고, 실제 물리치료사가 되었을 때도 신경을 쓸 수 있었다. 꼭 물리치료와 관련된 봉사활동이 아니더라도 경험한 것은 현장에서 도움이 될 수 있으니 다양한 기회를 많이 찾아보기를 권한다.

또, 시간과 여건이 되는 대로 여행을 다니라고 하고 싶다. 관광 명소를 즐기고 맛있는 음식을 먹으며 기분 전환하는 것도 좋고, 낯선 곳에서 적응하며 새로운 사람을 만나는 것도 좋다. 물리치료사는 처음 만나는 사람을 대하며 일을 해야 하는데, 그런 점이 여행과 유사하다. 여행을 위해 계획을 짜는 것과 환자에 대한 치료 계획을 세우는 것 역시 비슷하다. 환자를 치료할 때 치료적 이야기만 하는 건 아니다. 때로는 휴가 이야기를 하며 여행 화제로 대화한다. 여행 경험이 꽤 있다면 환자와 공감하며 라포를 형성하기 좋다. 직장 생활을 하면 퇴사를 하지 않는 이상 시간을 내기가 어렵다. 연차를 이용해 2주 이상 여행을 가는 건 시도조차도 힘들다. 대학생 때 방학을 이용해 오랜 기간 해외여행을 다녀오거나 주말을 이용해 국내 여행을 종종 다니길 바란다. 휴식을 취하며 재충전하는 연습을 하는 것도 좋다.

꾸준히 하는 운동도 반드시 한 개 이상 가져야 한다. 물리치료사는 체력이 매우 중요하다. 때로는 나보다 덩치가 큰

I am a physical therapist

환자를 보조하고 운동시켜야 할 때가 있다. 물론 힘만으로 치료하지는 않고, 경력이 쌓이면 요령이 생겨 몸을 덜 쓰기도 하지만, 기본적으로 체력이 좋아야 환자를 치료하는 것이 수월하고 지치지 않는다. 나는 대학생 때 걷기와 달리기, 등산을 즐겼다. 이 활동들은 지금도 이어지고 있다. 마음이 맞는 치료사들과 한 달에 한 번 러닝 모임을 통해 함께 달린다. 각자 일하는 지역도 다르고 연차도 다르지만, 서로를 격려하고 응원하며 운동을 한다. 동료 물리치료사와 운동하며 기분 전환하는 시간을 갖기도 한다. 혼자서 운동하는 것과 다른 매력과 즐거움이 있다. 운동 자체가 신체적, 심리적으로 이롭기 때문이다.

운동은 업무적으로도 도움이 된다. 환자에게 운동을 지도할 때 먼저 시범을 보여야 하는데. 일반적인 스트레칭과 쉬운 동작은 운동을 즐기지 않아도 가르칠 수 있다. 하지만 선수를 재활하거나 트레이닝해야 할 때, 어느 정도 몸을 잘 움직이는 걸 보여주려면 운동 수행 능력이 필요하다. 내가 할 수 없는 어려운 동작을 환자에게 가르친다는 건 민망한 일이기 때문이다. 이런 상황을 피하기 위해서라도 치료 시 필요한 운동을 많이 해보자.

대학 시절, 특히 20대 초중반의 시간은 아주 소중한 시절이다. 되돌아오지 않기 때문에 그때만 할 수 있는 경험과 추억이 필요하다. 독서와 같은 취미나 여가 생활도 좋지만, 밖으

로 나가서 사람과 부대끼는 활동을 해보면 좋겠다. 자신이
재미있다고 생각하는 일을 꼭 하나 만들자. 그 시절을 생각
하면 바로 떠올릴 수 있는 그런 일 말이다.

Q4

물리치료사의
나이나 성별 비율은 어떤가요?

물리치료학과 졸업 예정자로 필요한 교육과정을 이수하면 물리치료사 면허 시험 응시 자격이 주어진다. 시험에 합격하면 물리치료사 면허를 취득할 수 있다. 2025년 7월 기준 대한물리치료사협회 홈페이지 회원 통계를 보면 물리치료사는 남성 30.778명[33.24퍼센트], 여성 52,623명[56.83퍼센트]으로 보고했다. 9,195명[9.93퍼센트]은 미분류로 되어 있다[표1].

구분	인원	비율
남성 물리치료사	30,778명	33.24%
여성 물리치료사	52,623명	56.83%
미분류	9,195명	9.93%

표1. 남/여 물리치료사 회원 비율

부서마다 다르긴 하겠지만 통상적으로 물리치료실 현장에 가면 회원 통계처럼 여성 물리치료사가 더 많은 편이다. 물리치료학과 대학생 비율도 여성 비율이 더 높을 수밖에 없다. 성별에 따른 차별은 없는 편이다. 성별에 따라 불이익을 주지 않고, 성별이 달라서 일하기 어려운 점도 거의 없다.

물리치료사는 해당 부서나 업무에 적합한 사람을 채용한다. 업무를 잘 해낸다면 성별은 의미가 없다는 걸 임상에서 경험한다.

연령대	20대	30대	40대	50대	60대 이상
인원	16,645명	34,767명	21,631명	10,220명	3,429명

표 2. 연령대별 물리치료사 회원 통계

위 회원 통계를 보면 20대부터 60대 이상까지 전 연령대에 물리치료사가 있다[표2]. 30대, 40대, 20대 순으로 물리치료사 수가 많다. 대학을 졸업하고 20대부터 일을 시작하기에 30대보다 적어 보인다. 30대, 40대 물리치료사는 가장 활발하게 일할 때이다. 물리치료학과에 진학하는 신입생 중 중에도 20대가 아닌 30대, 40대 인원도 꽤 있는 편이다. 타 전공으로 박사 학위가 있거나 직장 생활을 오래 하던 사람이 다시 대학에 오는 경우도 있다. 나이에 따른 차별이나 불리함은 적은 편이다. 물리치료사는 다양한 분야에서 일할 수 있기 때문에 자연스럽게 경력자를 선호하는 병원이 많다. 보건의료 전문직이기에 자신이 노력하고 실력을 쌓은 만큼 나이와 성별과 관계없이 활동할 수 있다.

Q5
운동을 잘 못해도
일할 수 있나요?

운동을 잘 못한다고 해서 실망할 필요는 전혀 없다. 물리치료학과는 운동선수를 뽑는 학과가 아니고 물리치료사는 운동선수가 아니다. 운동을 잘 못하더라도 물리치료학과에 진학하거나 물리치료사로 일하는 데에는 문제가 없다. 다만 앞서 이야기했듯이 운동을 잘하면 체력도 비례적으로 좋고, 환자에게 치료 시 동작을 더 잘 보여줄 수 있다.

물리치료사가 운동을 잘해서 유리한 분야는 스포츠 물리치료사로 활동할 때이다. 아무래도 선수와 호흡하고, 해당 스포츠 종목을 잘할수록 이해도가 높아진다. 의사가 중대한 질병에 걸려야 중대한 수술을 잘하는 건 아니지 않는가. 마찬가지로 운동을 못 한다고 물리치료 업무를 못 하는 것도 아니다.

스포츠/체육학과를 졸업하고, 현장에서 활동하다가 물리치료학과로 오는 경우도 꽤 많다. 내 주위에도 스포츠/체육학과 출신 동료가 여럿 있다. 운동을 잘한다고 해서 다 그렇지는 않지만, 아무래도 일을 할 때 적극적인 편이다. 하지만 운동을 잘한다고 연봉이 높아지거나 치료 실력이 높아지는 것은 아님을 강조하고 싶다.

운동을 잘 못하기에 물리치료사를 할 수 없다고 생각하는 사람에게 나를 예시로 들고 싶다. 나는 학창 시절 운동을 좋아했고 지금도 좋아한다. 하지만 잘하냐고 묻는다면 고개를 젓는다. 학창 시절이나 병원 근무 시절에 경기를 하면 잘 따라가지 못했다. 드리블은 엉성해서 공이 나보다 먼저 굴러간 적도 있었다. 간혹 공중에서 날아오는 공보다 먼저 점프해서 맨 헤딩을 하기도 했다. 하지만 땀 흘리며 열심히 뛰었다. 그래서인지 기술 체력은 부족했지만 기초 체력은 좋았다. 여전히 운동을 잘하지는 못하지만, 물리치료사로 잘 일하고 있다. 내 운동 능력이 경기를 좌지우지할 수는없지만 특정 동작을 구현해 환자에게 도움을 줄 정도로 연습한 것이다. 환자에게도 운동을 지도할 때마다 특정 스포츠 기술을 반복적으로 연습해서 숙련시키기도 한다.

3 물리치료사의 공간

사람은 자신만의 공간이 필요하다. 휴식을 하는 공간, 글을 쓰는 공간처럼 말이다. 물리치료사도 물리치료사의 공간이 있다. 도수치료를 하는 경우 내 이름이 적힌 치료 공간, 테이블, 책상이 있다. 열·전기치료실에도 베드 담당제일 경우 내 공간이 있다. 운동치료실에도 내가 담당하는 치료 공간이 정해진다. 이렇게 협의된 공간도 있지만 그보다 더 넓은 의미로 일터가 있다. 일터의 분야와 규모에 따라 다르겠지만, 물리치료사는 일터를 다른 사람들과 함께 사용한다. 내 공간과 환자의 공간, 동료의 공간을 오간다. 때로는 공유하기도 한다.

사실 내가 제일 처음으로 일했던 일터는 시골 시장 입구에 있는 개인 의원이었다. '나 홀로 실장'이라 불리는 물리치료실에서 혼자 일했다. 40평쯤 되는 개인 의원 중 절반인 20여 평을 사용하며, 의사, 간호사, 행정 직원과 소통했다. 그다음에 근무한 병원이 스포츠재활 전문병원이었다. 7층 규모의 건물에 의사, 물리치료사, 작업치료사, 간호사, 행정 직원, 영양사 등 다양한 동료가 있었다. 물리치료실만 하더라도 여러 부서가 있었다. 많은 동료와 환자 속 나는 분주하게 움직였고, 다양한 경험을 쌓을 수 있었다. 순환 근무를 해서 일정 시기가 되면 짐을 싸서 이사를 했다. 때론 치료실 구조를 완전히 바꿔서 일하기도 했다.

이후에도 병원, 센터, 회사 등을 오가며 내가 일하는 공간은 수시로 바뀌었다. 내가 좋아하는 전공서와 대중 도서들이 업무 공간에 쌓여 있다. 물리치료사로 일하며 받은 첫 월급 때 큰마음 먹고 샀던 척추 모형도 있다. 초심을 다지기에 좋은 물품이라 항상 가까이 놓고, 환자에게 설명하고는 한다. 공간이 바뀌지만 변하지 않는 건 내가 물리치료사라는 점이다. 내가 있는 곳, 그곳이 물리치료사의 공간이다. 일터뿐만 아니라 집에서도 공부하고, 치료 생각도 한다.

이번 장에서는 물리치료사가 주로 일하는 공간에 대해 이야기할 것이다. 병원마다 물리치료사가 일하는 치료실 위치나 업무 등 모든 게 달라지지만, 기본적인 구조나 시스템은 크게 다르지 않다. 내가 일했던 일터의 경험과 일반적인 치료실 구조를 토대로 물리치료사의 공간을 소개한다.

Q1
물리치료사는
병원 내 어디서 일하나요?

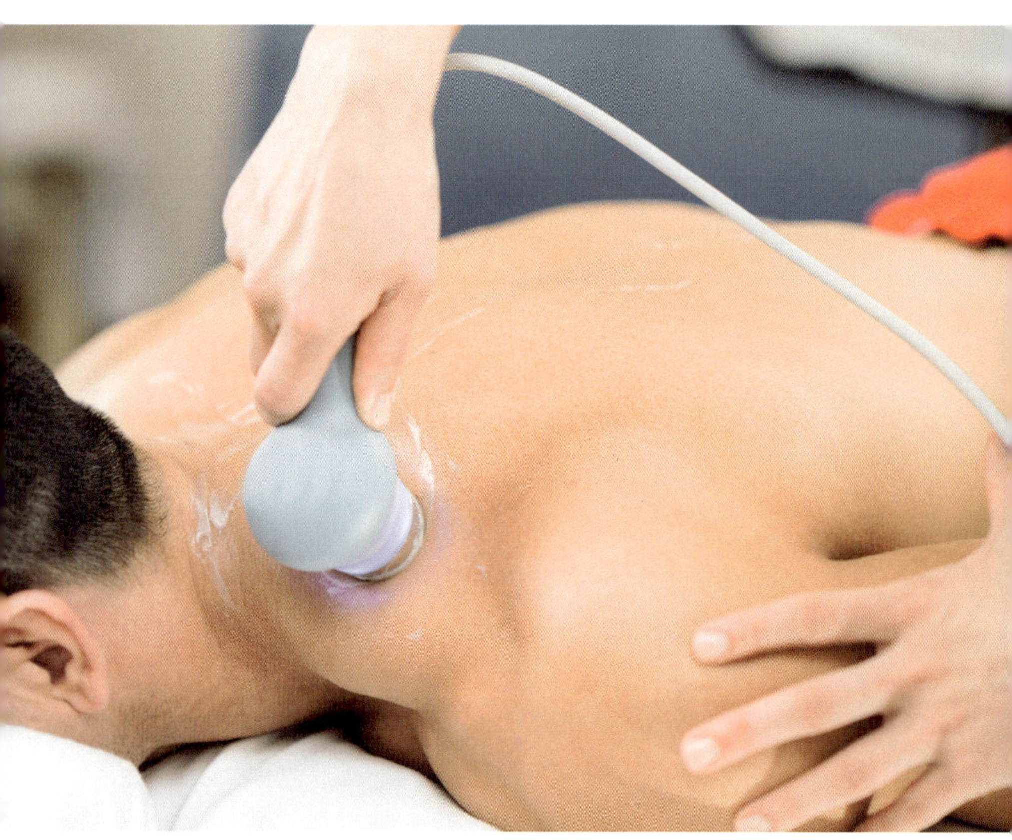

병원마다 물리치료사가 일하는 부서 명칭은 다르다. 물리치료사는 병원 내 물리치료실, 운동치료실, 도수치료실, 전기치료실, 통증치료실, 재활치료실, 스포츠물리치료실, 스포츠의학센터, 체외충격파치료실과 같은 치료 및 스포츠 명칭이 들어간 부서에서 일한다. 병원마다 이보다 더 세부적으로 부서를 나누기도 한다. 예를 들어, 교정치료실, 상해치료실, 컨디셔닝실처럼 해당 업무를 부서로 분류한다. 일반적으로 물리치료실, 도수치료실, 운동치료실이 많다.

부서마다 명칭만큼 업무를 세분화한다. 물리치료실은 그중에 가장 상위 개념의 부서이긴 하지만, 일반적으로 핫팩, 냉팩, 열전기치료 등을 한다. 도수치료실은 맨손을 이용해 환자를 평가, 치료를 하는 부서이다. 운동치료실은 크게 신경계 운동치료실, 근골격계 운동치료실로 나눈다. 신경계 운동치료실은 대학병원, 종합병원, 재활병원 등 규모가 큰 경우 성인/소아 치료실이 따로 있다. 성인과 소아 환자의 재활 접근법이 다르기 때문이다.

병원 내 물리치료실 관련 부서의 위치가 꼭 진료실 옆에 있거나 정해진 건 아니다. 병원마다 층수도 다르고, 치료실 평수도 다르다. 대학생 실습으로 나갔던 모 대학병원은 한 건물 전체가 물리치료사가 일하는 곳이기도 했다. 층마다 부서가 나뉘어 일했다. 내가 일했던 스포츠재활 병원은 1층과 2층, 4층, 6층에 물리치료 관련 부서가 있었다. 타 병원에서 근무할 때는 지하층에 치료실이 있었다. 자주는 아니지만, 물리치료를 위해 병실로 이동하는 경우도 있었다. 환자 거동이 불편해서 이동이 힘들 때다. 병실에 있는 환자를 위해 처방된 물리치료 기기를 챙겨 병실에서 치료한다. 환자에게 운동치료를 시행하는 경우도 있다.

선수 재활 시에는 스포츠의학센터, 운동치료실, 스포츠 물리치료실로 불리는 치료실 공간이 아닌 계단이나 복도에서 기능 및 기술훈련도 한다. '기능'이란 동작을 할 수 있는 상태를 말하고, '기술'은 해당 스포츠, 운동 기술을 말한다. 스포츠 현장 복귀나 일상생활 복귀를 위해 마지막 단계에서 선택적으로 치료 공간으로 활용되곤 한다.

물리치료사는 환자와 1:1 또는 다수로 치료하는 경우가 대부분이지만 행정 업무도 있다. 의료 차트에 어떤 치료를 했는지, 특이 사항이 있었는지 등을 작성한다. 평가지나 치료 일지를 수기로 작성해 보관하기도 한다. 개인 치료실이 있는 경우가 아니라면 치료하는 공간과 행정이나 쉴 수 있는 공간은 보통 분리되어 있다.

Q2
병원이나 센터 바깥에서
일할 때도 있나요?

병원에서 물리치료사는 대부분 시간을 병원 내 치료실에서 보내지만 가끔은 바깥으로 나갈 때도 있다.

먼저 병원이나 센터, 단체 소속으로 의무 지원 또는 파견을 나가는 경우다. 나는 골프 재활과 트레이닝에 관심이 많았다. 스포츠재활 병원에서 일할 때 내 관심 분야를 알고 있던 선배 물리치료사의 추천으로 골프대회 의무 지원에 종종 나갔다. 아마추어, 프로 골프대회에서 야외에 치료 부스를 설치하고, 체외충격파, 치료 테이블, 물리치료 기기 등을 비치했다. 선수가 오면 평가하고 치료를 했다. 스포츠 대회 외에 공연장, 전시회 등으로 종종 밖에 나가 일했다. 한 번씩 외근을 하고 오면 기분 전환이 되었다.

많은 물리치료사가 병원에 소속되어 축구, 야구, 배구, 육상 등 다양한 종목의 스포츠 대회에 의무 지원을 나간다. 어떨 때는 올림픽, 아시안게임 등 국제 대회나 국내 대회, 국가대표팀, 프로팀 훈련에 특정 기간 동안 파견을 나가는 경우도 있다. 선후배 중에 미국 LPGA 골프 선수의 치료사 업무를 위해 수개월 이상 해외에 나가 경험을 쌓았다. 개인 선수뿐만 아니라 팀에 파견되어 해외에서 오래 일하기도 한다. 꼭 스포츠 분야가 아니더라도 병원에서 의무 지원이나 외래 진료가 있을 때 의사와 물리치료사가 함께 나가는 경우가 있다. 콘서트, 발레 및 무용 공연, 피겨스케이팅 갈라쇼, 영화나 드라마 촬영 등 물리치료사가 일하는 범위는 넓다.

방문재활의 경우도 있다. 방문재활은 물리치료사가 집으로 찾아가 환자를 치료하는 서비스를 말한다. 현재 정부 시범 사업 중이며, 의사 처방 하에 점점 방문재활 서비스가 늘어나고 있다. 예를 들어, 병원에서 뇌혈관 질환 수술 후 일정 기간 입원한다. 퇴원한 환자는 병원을 통원 치료해야 하는데 거동이 불편한 경우 병원 오가기가 힘들다. 따라서 의사가 방문재활이 필요하다고 판단하고 처방한 후 물리치료사 1인 또는 2인이 환자 집으로 직접 찾아간다. 평소 생활하던 집에서 물리치료사가 환자 상태에 맞게 관절운동, 근력 운동, 보행훈련 등 재활을 한다. 방문재활은 환자 만족도도 높고, 환자의 편의를 위해 더 늘어날 것이다.

가끔 병원이나 센터에서 소속되어 있지만 대학, 기업, 공공 기관 요청에 의해 특강을 나갈 때도 있다. 다수를 대상으로 운동 지도와 상담을 하는 것이다. 물리치료사는 환자를 직접 치료하는 게 주 업무고, 치료 안에는 운동 지도와 상담도 포함된다. 1시간 또는 2시간 동안 사무직, 요양보호사, 주

택관리사, 청소노동자 등 다양한 직종에 맞는 질환 예방 및 관리법을 강의한다. 이론적인 내용도 전달하지만 실습을 통해 일상에서 활용할 수 있게 준비한다. 가끔 농담도 하며 강의장 분위기를 재미있게 하기 위해 노력한다. 쉽고 재미있어야 집중도가 올라가고, 강의 후에도 직접 따라 하기 때문이다. 이렇듯 물리치료사는 병원이나 센터 밖에서도 다양한 활동을 하고 있다.

Q3
치료실 공간 배치는
어떻게 되어 있나요?

병원 물리치료 관련 부서마다 공간 배치가 다르지만, 보통 환자 치료와 이동이 편하도록 동선을 배치한다. 치료실 문을 열고 들어오면, 안내데스크 및 창구가 있다. 물리치료사가 환자를 확인하고 인사한다. 예약제든 순번제든 환자를 식별해야 한다. 안내 창구 안쪽에 물리치료사들이 쉬거나 행정 업무하는 공간이 있다. 안내 창구 옆에는 보통 환자 대기 공간이 있다.

치료실 안쪽에는 열전기치료실, 도수치료실, 운동치료실이 나뉘어 있다. 한쪽은 열·전기치료 할 수 있는 공간이 있다. 치료 베드가 줄지어 있다. 이때 베드 사이에 전기치료 기기인 TENS, ICT, 초음파 등을 배치한다. 치료실 규모에 따라 목, 허리 견인치료 기기가 있다. 한쪽에는 핫팩을 데우는 핫팩 통과 아이스팩을 보관하는 냉장고가 있다. 빨간불이 나오는 적외선 기기와 레이저 치료기기 등 이동용 기기도 한편에 배치한다. 기본적인 구성이다.

도수치료는 물리치료사가 환자를 맨손으로 평가하고 치료

하는 방법을 말한다. 예를 들어, 손으로 환자가 불편한 부위를 촉진하고 움직여 보며 검사한다. 도수치료실은 물리치료사가 환자를 치료하는 모습을 볼 수 있는 개방된 형태와 개인 도수치료실이 있는 형태로 나뉘기도 한다. 도수치료실은 매뉴얼 베드라 불리는 치료 테이블이 있고, 밴드, 짐볼, 밸런스보드 등 소도구가 위치한다.

운동치료실은 공간이 상대적으로 넓다. 성인 재활치료실 같은 경우 운동 베드에서 운동 후 보행훈련까지 이어진다. 환자가 보행훈련을 하기 위해 충분한 공간이 있어야 한다. 일반적으로 벽면과 가까이 운동 베드나 매트가 위치하고, 가운데 공간에서 치료실 입·출구로 오갈 수 있게 공간을 배치한다. 운동치료실 한편에는 간병인 또는 보호자가 앉아서 대기하는 공간이 있는 곳도 있다. 치료실 내에는 코끼리라 불리는 좌식 자전거, 기립 테이블 등도 위치한다.

성인 재활치료실은 뇌졸중, 척수손상, 외상성 뇌손상 등 신경계 성인 질환자가 찾는다. 소아 재활치료실은 뇌성마비, 소아마비 등 신경계 질환 아동 및 청소년을 치료하는 공간이다. 소아 재활치료실은 성인 재활치료실과 치료실 분위기가 사뭇 다르다. 몸이 불편한 소아 친구들이 겁먹지 않고 따뜻한 분위기에서 운동할 수 있도록 치료실 공간을 구성한다. 소아 재활치료실은 운동 베드와 매트가 있고, 장난감, 소도구 등 아기자기한 치료 보조 도구가 많은 편이다.

스포츠 선수가 부상을 당하면 필요에 따라 수술, 약, 주사, 물리치료를 통해 치료하여 회복시킨다. 일반적인 물리치료실은 활동적인 동작을 할 공간이나 장비가 제한적이다. 반면 스포츠 선수가 운동하는 공간에는 스포츠센터에서 볼 수 있을 법한 트레드밀, 덤벨, 바벨 등 운동 기구들이 즐비하다. 관절 움직임이 어느 정도 회복하면 근력 운동, 균형 훈련, 기술훈련 등 점차 단계적 운동이 필요하다. 기구 및 장비를 이용한 단계적 재활 과정을 통해 스포츠 현장에 복귀까지 재활이 이어진다. 운동 공간은 기구 운동 공간과 맨몸 운동 공간으로 나눈다. 어떤 병원은 스포츠센터 내에 샤워실까지 있다.

치료실 공간은 물리치료사가 서로 치료하는데 불편하지 않게 동선을 배치한다. 환자 이동 시에도 협소하지 않고, 부딪히지 않게 한다. 치료가 시작될 때와 끝날 때 사람이 많이 오가기 때문에 동선 배치에 신경을 쓰는 편이다. 요즘은 호텔 로비 같은 대기 공간이 있거나 천장이 높아 탁 트인 느낌으로 치료실 내부 인테리어를 한다. 환자가 치료 시간 동안 치료를 잘 받는 것도 중요하지만 병원과 치료실에 들어서는 순간 쾌적하고 마음이 편해지는 것도 치료의 중요한 요소 중 하나다.

Q4

함께 근무하는
물리치료사는 몇 명인가요?

지금까지 총 다섯 곳의 일터에서 일했다. 현재 일하는 곳의 트레이너는 나 혼자이다. 병원에서 독립하면 물리치료사가 아닌 트레이너가 된다. 병원에서 일할 때는 물리치료실에서 혼자 일했고, 센터로 독립하기 직전인 네 번째 병원 물리치료실에서는 나 홀로 실장이었다. 의외로 혼자 일하는 물리치료사가 꽤 많다. 장점은 혼자서 치료실을 운영하며 주도적으로 치료를 이끌어 갈 수 있다. 단점은 업무가 벅차거나 가끔 심심할 때가 있다. 개인적으로는 대부분 출근부터 퇴근까지 쉼 없이 일했기에 심심할 틈이 없이 바빴다.

두 번째 병원에서 가장 오래 있었던 팀에서는 함께 일하는 물리치료사가 네 명이었다. 팀장, 선임, 동기 그리고 나. 팀장의 지도로 저연차 시절에 큰 어려움 없이 일할 수 있었다. 동기도 있었기에 외롭지 않았다. 팀원은 네 명이었지만, 물리치료 부서 전체를 합치면 스무 명쯤 되었다. 순환 근무를 했기에 함께 근무하는 동료 물리치료사는 때때로 바뀌었다. 부서마다 분위기가 다르고, 업무도 다르기에 그때마다 적응해야 했다.

인원이 많거나 적거나 팀 분위기가 중요하다. 대부분 환자를 치료하는 데 시간을 쓰지만 출근 전, 쉬는 타임, 점심, 회의, 교육 등 동료 물리치료사와 함께 있는 시간이 많다. 저연차 때는 잘 모르고 능숙하지 않아서 혼나면서 배울 때도 많았지만 그래도 좋은 선배들 덕분에 치료사로서 한 걸음씩 성장할 수 있었다.

세 번째로 일했던 병원은 도수치료를 전문으로 하는 병원이었다. 입사 당시 총 여덟 명의 물리치료사가 있었다. 그런데 5개월 후에는 열일곱 명으로 늘어날 정도로 환자가 많았다. 그 사이에도 퇴사를 하거나 새로 들어오는 동료 물리치료사가 있었다. 각 개인 치료실이 있어서 치료에 집중하고, 쉬는 타임에 복도에 나와 동료 치료사와 교류했다.

동료가 여럿인 병원 물리치료실에서 일하다 보면 퇴근 후 같이 밥을 먹거나 술을 마실 때도 있다. 치료를 화제로 시간 가는 줄 모르고 이야기하거나 개인적인 관심사, 고민 등을 털어놓고 소통한다. 나와 잘 맞는 친구 같은 형, 동생 같은 동료 물리치료사가 있다면 일하는 데 힘이 많이 된다. 미처 생각하지 못하고 놓치는 부분도 옆에서 살뜰히 서로 챙길 수 있고, 좋은 정보도 공유한다.

개인의 성향에 따라 혼자 일하는 게 편할 수도 있고 여러 명이 있는 치료실이 더 좋을 수도 있다. 나는 거의 후자에 가

깝지만, 주로 원하는 업무 분야를 중심으로 활동했기에 혼
자 있을 때도, 단체로 일할 때도 있었다. 최근에는 병원 밖
에서 교육이나 업무할 일이 많아져서, 프로젝트성으로 동
료 물리치료사와 협업한다. 문자나 전화로 소통하고, 온라
인 화상 채팅을 통해 회의한다. 병원 밖에서도 활동하기에
다양한 방식으로 일하고 있다.

Q5
병원 종류에 따라
역할이 달라지나요?

병원이라 불리는 의료기관은 대학병원, 종합병원, 준종합병원, 재활병원, 요양병원, 개인 의원으로 분류한다. 병원 종류에 따라 부서가 많아지고, 만나는 환자도 달라진다.

대학병원의 경우 수술 후 급성기 회복 환자를 치료할 일이 꽤 많다. 예를 들어, 뇌졸중 수술 후 병원에 입원한 환자를 대학병원 운동치료실에 소속된 물리치료사가 치료한다. 손상 후 시기에 따라 업무는 달라진다. 급성기, 아급성기, 만성기 환자 접근법은 차이가 있다. 대학병원 경우 수술 후 급성기 회복 환자 사례를 많이 접하고, 암 등 중대한 질환 환자 재활을 돕기도 한다. 부서가 세분화되어 있고, 물리치료사가 많다. 물리치료사 직급이 다양하고, 시스템이 잘 갖춰져 체계적으로 일할 수 있다. 대학병원은 병원에 따라 부서 순환 근무를 하는 경우가 있다.

종합병원, 준종합병원은 신경외과, 정형외과 의사가 있어 수술하는 경우 수술 후에 재활치료를 한다. 대학병원만큼은 아니지만 급성, 만성 시기의 다양한 환자 사례를 볼 수 있다는 장점이 있다. 요즘은 병원도 부위별, 분야별로 세분화하는 추세이다. 예를 들어, 어깨 전문병원, 무릎 전문병원, 스포츠재활 전문병원처럼 말이다. 이는 재활병원, 개인의원에도 해당한다. 종합병원, 준종합병원도 부서가 여럿있어 순환 근무를 하기도 한다.

물리치료사는 환자를 치료한다고 표현하기도 하지만, 재활을 돕는다고도 표현한다. 환자가 통증과 기능 부전을 회복하기 위한 과정을 재활이라 부르기 때문이다. 재활병원에 취업해 일하는 물리치료사 비중이 높은 편이다. 수술한병원에서 입원 후에 재활병원으로 전원해서 치료를 이어간다. 재활병원은 부서에 치료사들이 많은 편이다. 어떤 병원 재활치료 관련 부서에 서른 명에서 오십 명 까지도 같이일한다.

요양병원은 뇌질환, 척수손상, 파킨슨병, 치매 등과 같은 질환자와 각종 말기 암 환자, 와상 환자인 고령층이 많이 입원한다. 요양병원도 물리치료실이 있어 환자 치료를 제공한다. 거동이 불편하거나 증상이 심각한 경우가 많아 적극적인 치료가 어려운 경우도 있다.

종합병원이 아닌 개인 의원에서 일하는 물리치료사 비중도 꽤 높다. 개인 의원이지만 치료사가 20명 이상 될 정도규모가 큰 의원도 있다. 개인 의원이라고 해서 병원 규모가 작다거나 물리치료 관련 부서가 하나일 거라는 생각은 편견이다. 요즘은 두 세 곳의 전공의가 모여 개인 의원을 개원한다. 예를 들어, 정형외과, 마취통증의학과, 재활의학과 전문의가 모여 개원하는 것처럼 말이다. 개인 의원이지만 수술도 하고 재활도 원스톱으로 이뤄지는 경우도 꽤 있다.

병원 종류에 따라 물리치료사의 역할이 달라지기도 한다. 그러므로 취업할 때 자신이 선호하고 경험하고 싶은 업무를 할 수 있는 일터를 찾는 게 좋다. 종합병원이라고 무조건 좋은 것도 아니고, 개인 의원이라고 배울 게 없는 게 아니다. 전문적이고 특색 있는 병원을 찾아 자신의 임상 경험을 쌓는 걸 추천한다.

I am a physical therapist

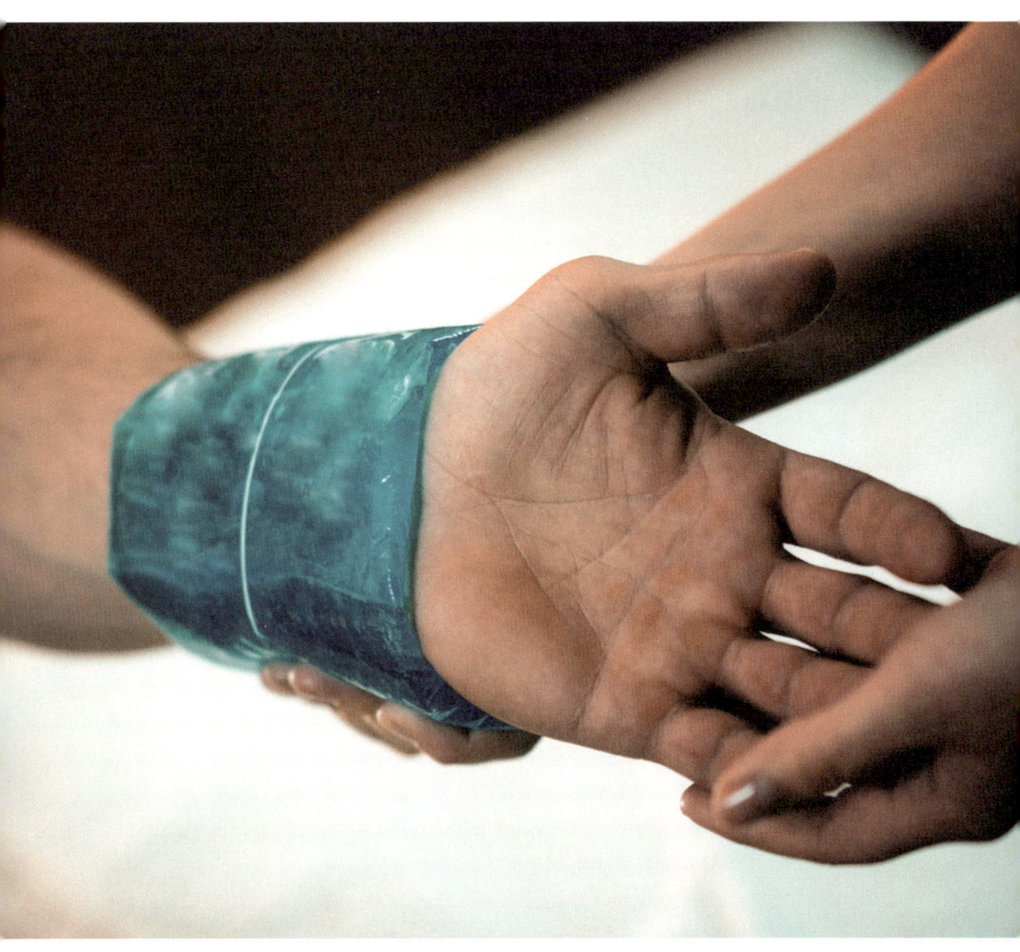

Tip.

물리치료사와 밀접하게 일하는 직업들

의사

의사와 물리치료사는 바늘과 실 같은 존재이다. 우리나라는 의사의 물리치료 처방이 있어야 물리치료 업무가 가능하다. 특히 정형외과, 신경외과, 통증의학과, 재활의학과는 물리치료사와 밀접하게 일한다. 의사가 처치하는 약, 주사, 수술만으로 환자가 회복되는 건 아니다. 보존적 치료로써 다양한 치료가 있어야 증상과 상태에 따라 치료받을 수 있다. 의사도 물리치료의 중요성을 잘 알고 처방하는 경우 환자 만족도와 회복 또한 빠르다.

간호사

간호사는 물리치료 처방이 나오거나 환자 안내를 할 때 물리치료사와 소통할 기회가 흔하다. 간호사와 간호조무사간호와 진료 업무 보조 수행는 행정 직원으로 일하기도 한다. 대학병원이나 종합병원처럼 규모가 큰 경우에는 직업 간 마주칠 일이 있긴 하지만, 개인 의원처럼 규모가 작을수록 직업 간 소통하거나 환자 치료를 위해 협업할 일이 더 많다.

작업치료사

작업치료사는 환자의 일상생활 동작 회복과 향상을 위해 작업을 통해 일하는 직업이다. 예를 들어, 재활병원에서 한 명의 환자가 물리치료사와 작업치료사에게 각각 재활을 받는다. 한 명의 환자를 같이 치료하다 보니 어떤 치료를 하는지, 환자 케이스 치료 계획을 공유하며 소통할 수 있다.

방사선사

방사선사는 X-ray, CT, MRI 등 영상진단장비방사선 기기를 취급, 관리하고 진단 정보를 제공하는 일을 한다. 물리치료사는 치료 전에 영상진단장비 결과를 참고하거나 환자를 안내할 때 방사선사와 소통하곤 한다.

행정 부서 직원

환자가 병원에 오면 치료실로 바로 오지 않는다. 그렇다고 진료실에 바로 가서 의사에게 진찰을 받지도 않는다. 병원에 도착하면 접수 또는 안내데스크에 있는 행정 부서 직원을 만난 뒤 의사 진료 및 처방 수순을 밟는다. 물리치료 처방이 나왔을 때도 행정 부서 직원이 치료실로 안내하거나, 처방 순서가 잘 나왔는지, 행정 관련된 일에 대해 이야기한다. 그러다 보니 물리치료사로 병원에서 일할 때 의사, 간호사, 작업치료사, 방사선사보다 행정 부서 직원과 더 소통 빈도가 높았다. 예를 들어, 환자는 물리치료를 받는 동안 치료사에게 다음 치료 예약, 결제 등 치료 외 질문도 많이 한다. 이런 질문을 받으면 행정 직원과 이야기하며 조율하거나 안내한다. 또한 환자 치료 순서를 바꿔야 할 때, 행정 직원에게 문의하며 진료나 검사가 있는지 확인하고 요청하기도 한다.

병원에 따라 임상병리사, 영양사, 간병인, 연구원 등 병원에서 일하는 여러 직종과 교류할 일이 생긴다. 종합검진병원에서 일했을 때, 환자 치료가 끝난 후 임상병리실로 환자를 안내하거나 임상병리사에게 환자 검사 결과를 묻기도 했다. 종종 선수의 경우 영양이 중요하기에 영양사와 논의 후 선수에게 조언해 주기도 했다. 간병인은 거동이 불편한 환자를 치료실로 모셔온다. 치료사는 간병인에게 그날 컨디션이나 특이사항이 있었는지 확인하거나 병실 또는 집에서 필요한 간단한 운동을 지도한다. 병원에서 치료 업무뿐 아니라 연구 실험을 진행하기도 했다. 병원 소속 연구원과 연구 방법, 데이터 대한 논의와 협업으로 연구를 한다. 다양한 상황에서 일하게 될 수 있으니 물리치료사 또는 의사와만 친하게 지내기보다 타 부서 모든 동료와 원만한 관계로 일하는 게 좋다.

I am a physical therapist

Part 2 물리치료사가 가는 길

1 물리치료사의 첫걸음

물리치료사는 물리치료사 면허를 취득해야 정식으로 일할 자격이 주어진다. 국가에서 공인하는 것이다. 대학을 졸업했어도 물리치료사 면허가 없다면 물리치료사로 활동할 수 없다. 따라서 물리치료사의 첫걸음은 물리치료사 시험 합격이다.「의료기사 등에 관한 법률」에서는 물리치료사는 신체 교정 및 재활을 위한 물리요법 치료를 아래와 같이 수행한다고 설명한다.

가. 물리요법적 기능훈련 · 재활훈련

나. 기계 · 기구를 이용한 물리요법적 치료

다. 도수치료: 기구나 약물을 사용하지 않고 손으로 하는 치료

라. 도수근력(손근력) · 관절가동범위 검사

마. 마사지

바. 물리요법적 치료에 필요한 기기 · 약품의 사용 · 관리

사. 신체 교정운동

아. 온열 · 전기 · 광선 · 수(水)치료

자. 물리요법적 교육

－그밖에 신체의 교정 및 재활을 위한 물리요법적 치료에 관한 업무

물리치료사 면허 시험을 준비하면서 의료관계법규를 배웠다. 환자를 치료하는 전공 지식과 실습만 배우다가 법 관련 내용을 배우니 어려웠다. 이런 것도 알아야 하나 싶었지만 물리치료사가 임상 현장에서 일하면서 지켜야 할 사항이나 필요한 의무 사항을 알 수 있었다. 시험에 합격하기 위해 위반 시 과태료 등 형벌에 대해 머리 아프게 외워야 했다. 비슷한 내용인 것 같은데 금액이 다르고, 모의고사 보다가 '이건 그냥 찍자'라고 한 적이 한두 번이 아니었다. 하지만 현장에서 일하면서 무심코 간과할 수 있는 내용을 공부하며, 사회인으로서 소양이 필요함을 느꼈다.

전공 대학생에서 물리치료사가 되면서 묘한 기분이 들었다. 시험을 보면서는 합격만을 바랐는데, 막상 이루고 나니 물리치료사 합격으로 과연 물리치료 업무를 제대로 할 수 있겠나 하는 생각이 들었다. 병원 실습 과정을 했지만 실제로 환자를 제대로 치료해 본 적은 없었기 때문이다. 여기서 딜레마가 생긴다. 갓 졸업하고 면허를 취득한 물리치료사가 환자에게 양질의 치료를 해주는 건 힘들고, 그럼에도 취업해서 일해야 하기 때문이다. 그나마 선배가 일하는 병원에서 보조하며 일하는 분위기를 느꼈다. 선생님이라 불리지만 등골에 땀을 흘린 게 한두 번이 아니다.

처음 걸음마를 배우는 아이는 넘어졌다가 일어서기를 반복하고 오래 서 있기 위해 같은 동작을 수백 차례 시도한다.

한 발짝 떼기까지 주춤거리다가 한 발자국을 떼려다가 넘
어지는 과정을 무수히 겪은 후에야 비로소 걷게 된다. 능숙
하게 걸으려면 대여섯 살은 되어야 한다. 물리치료사로 첫
걸음을 떼면서 업무 능력을 쌓는 데 시간이 걸렸다. 물리치
료사 업무 범위를 보며, 자신 있게 대부분 할 수 있다고 말
하는데 10여 년이 걸린 것 같다. 저연차 때 시행착오도 겪
고, 좌충우돌 사고도 치면서 환자에게 고마움과 직업의 소
중함을 배웠다.

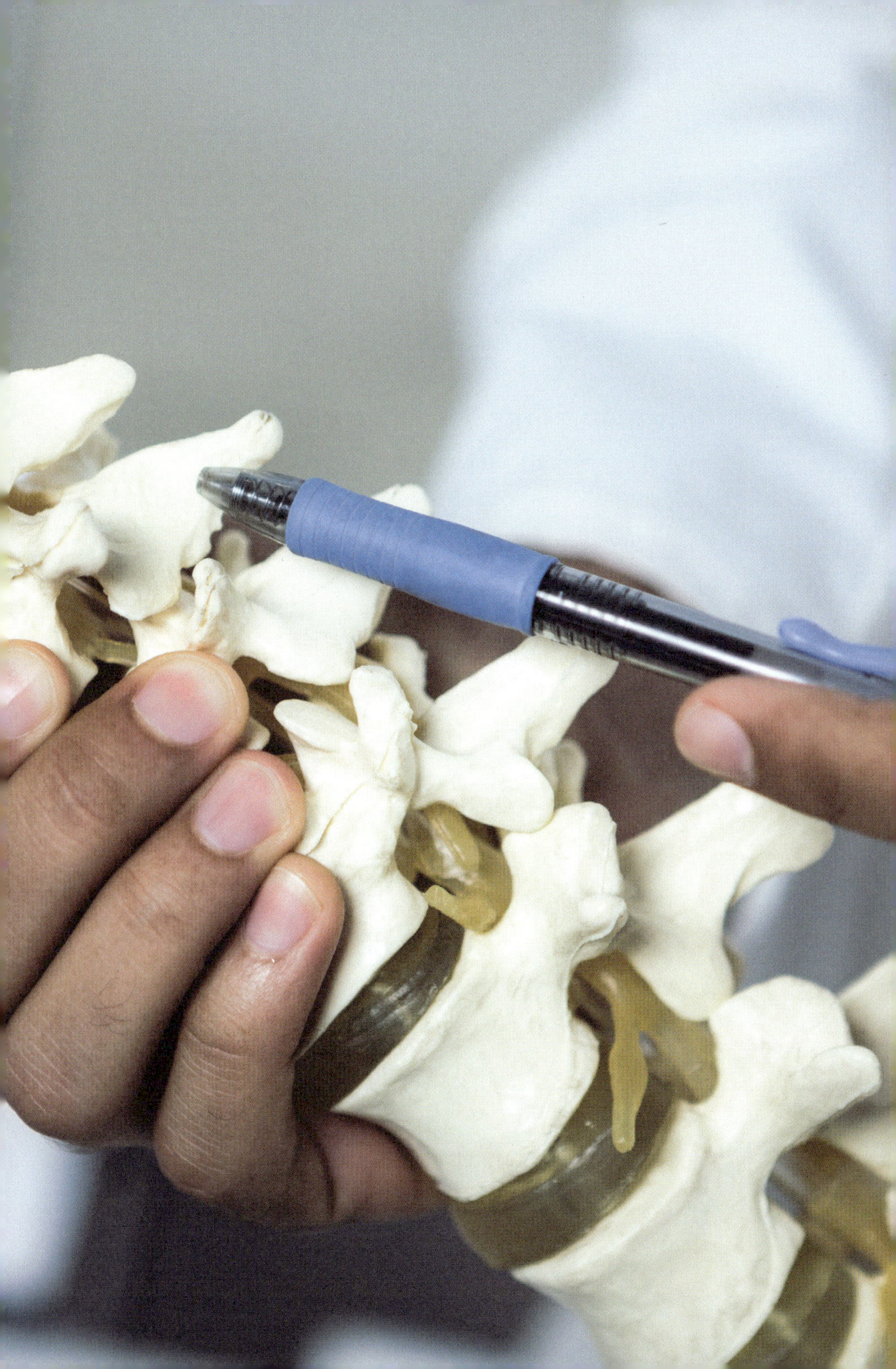

Q1
졸업한 학교와 전공이
중요한가요?

일하면서 자주 받는 질문 중 하나는 물리치료사가 되려면 어떤 전공을 해야 하느냐다. 다른 학과 전공으로 물리치료 사가 될 순 없는지 물어보기도 한다. 그럴 때마다 나는 물리 치료학과를 먼저 전공해야 한다고 말한다. 하지만 특정 대 학이 좋다고 이야기할 수는 없다. 대학은 지역마다 있고 전 통과 특색이 다르기 때문이다. 물리치료학과는 학교가 중 요하기보다 졸업 후 어떻게 노력하느냐가 중요하다. 노력 여부에 따라 진로와 경력이 달라지기 때문이다.

물리치료학과는 3년제와 4년제로 나뉜다. 전국에 물리치 료학과가 있는 대학 중 3년제는 39개, 4년제는 44개이다. 물리치료학과 진학을 준비할 때 3년제와 4년제 중 고민하 는 학생도 많다. 3년제의 가장 큰 장점은 취업이 더 빠르다 는 점이다. 4년제는 대학 생활을 더 즐기고, 취업을 준비할 시간이 여유롭다. 하지만 학제와 관계없이 모두 졸업 전 배 우는 필수 전공 교과목은 거의 비슷하다. 물리치료사 면허 취득을 위해 국가고시 필수 과목이 정해져 있고, 전공 필수 교과목은 공통적이기 때문이다.

3년제 대학은 강의 시간표가 일률적으로 정해져 나온다. 학과 정원이 많은 경우 1학년 A, B, C반으로 나뉘어 강의가 진행된다. 3년제 대학 생활은 고등학생 때 학급 분위기처럼 느껴진다. 3년 동안 교과목을 집중적으로 수강해야 해서 하루에 수업 시간이 4년제보다 더 많은 편이다. 4년제는 학기마다 학점 이수가 3년제보다 적기 때문에 비교적 수업 시간이 여유롭다. 졸업 요건 중 의료기관 등으로 실습을 나가야 한다. 3년제는 2, 3학년 때 방학을 이용해 실습하고, 4년제는 학기 중에 실습을 나가기도 한다.

물리치료사 면허 취득 후 일을 할 때는 학력이 연봉이나 근무 여건 등에 영향을 주지는 않는다. 시험 합격 후 물리치료사가 되면 그때부터 취업 병원과 기관에 따라 적합한 업무를 배우고 일해야 한다. 4년제를 나오면 더 치료를 잘하거나 공부를 많이 한다는 평균 통계나 결과도 없다. 졸업 후에는 개인에 자질과 노력에 따라 물리치료사로서 역량과 대우가 달라진다.

다만 대학원을 진학하는 경우 4년제 졸업이 대학원 입학 요건이다. 3년제를 졸업한 후 학점은행제를 통해 학점을 추가로 이수할 수도 있다. 3년제 대학 중에 전공 심화 과정을 운영하는 학교도 있다. 졸업 후 일하면서 전공 심화 과정 1년을 더 공부하며, 학사 학위를 받아도 된다.

I am a physical therapist

Q2
대학에 따라
커리큘럼 차이가 있나요?

3년제와 4년제 대학의 커리큘럼은 약간 차이가 난다. 전공 필수 과목은 물리치료사 면허 시험에 필수 교과목으로 이루어지기에 큰 차이는 없다. 하지만 전공선택과 교양 과목에서 차이가 있다. 추가로 수강이 가능한 과목 중 도움이 될 만한 과목이 있다면 대학 생활 중 진로 탐색을 하면서 적극적으로 수강하는 것을 추천한다.

물리치료사 면허 시험 응시를 위한 커리큘럼 외에 발달재활서비스를 위한「운동발달재활」자격 인정 교과목이 이수 가능한지 살펴보면 좋다. 국가에서는 발달장애 아동 및 청소년을 대상으로 재활서비스를 바우처 형태로 제공한다. 대학에 다니는 동안 해당 교과목을 이수하고 자격증을 딴다면 진출할 수 있는 분야가 하나 더 늘어나는 셈이다. 발달재활서비스를 제공하는 센터 또는 시설에 취업하거나 설립해 안정적인 운영을 하는 것도 가능하다. 실제 물리치료사 중 발달재활서비스를 전문으로 운영하는 사례도 늘어나고 있다. 장애인 정부 지원 예산과 사업이 해마다 늘어나는 추세이므로 관심이 있다면 취업 선택의 폭을 넓혀보자.

해당 자격을 관할하는 중앙장애아동·발달장애인지원센터
에서 안내하는 교과목에 공통 교육과정 필수 과목으로「장
애아동의 이해」가 있다. 그밖에도 공동선택으로 열 개 과목
이 있다. 전공 교육 과정으로는 아동운동 재활학, 아동재활
현장실무, 운동치료학치료적 운동학, 이렇게 세 개의 전공필수
과목이 있다. 전공선택은 스무 과목으로, 물리치료학과에
서 배우는 대부분의 전공 과목이 들어간다. 공통 교육과정
과 전공 교육과정 중 전공필수 과목이 물리치료학과 없는
경우가 있다.

진학하는 대학에서 외국 물리치료사 면허 시험을 위한 교
과목 이수가 가능한지 살펴보는 것도 방법이다. 물리치료
사는 전 세계 대부분 나라에서 국가에서 인정하는 전문 직
종이다. 미국, 캐나다, 영국, 호주, 뉴질랜드, 독일 등 나라에
서는 나라마다 인정하는 교과목 및 면허 시험을 응시 조건
이 있다. 요즘은 대학 때부터 외국 물리치료사 면허 취득을
위해 준비하고 진학하는 사례가 늘고 있다. 나라마다 기준
이 다르기에 취업을 희망하는 국가를 잘 살펴보고 선택해
그에 맞는 과목을 수강해야 한다.

운동발달재활 전문 자격증이나 외국 물리치료사 취득을
위한 교과목은 학교마다 개설 여부가 다르다. 진학하기를
원하는 학교가 있다면 필요한 커리큘럼의 수업이 개설되
어 있는지 살펴보거나 진학 후 학과에 해당 교과목 개설을

요청해 볼 수 있다. 만약 학교에서 해당 교과목이 없다면 추후 학점은행제나 전공심화과정, 대학원 과정을 통해 추가로 이수해야 한다. 내 주위에도 대학 졸업 후 진로 고민을 하다가 본인에게 필요한 공부를 추가로 더 하는 경우가 흔하다.

Q3
물리치료학과에서는
무엇을 배우나요?

물리치료학과의 전공필수과목과 선택과목은 현장에서도 필요한 핵심 역량이므로 중요하다. 물리치료학과 교과목은 크게 이론 과목과 실습 과목으로 나뉜다. 실습 과목은 병원 등에서 직접 현장 경험하는 과정도 포함된다. 아래는 물리치료학과에서 배우는 교과목이다. 기초부터 응용, 심화 과정 순으로 나열했다. 학교마다 차이가 있지만, 일반적으로 1학년부터 4학년까지 순차적으로 배운다.

인체해부학 Human Anatomy 인체 형태를 갖추는 골격계, 관절계, 근육계 등의 구조와 기능을 배운다. 대학 1학년 첫 학기에 해부학 쪽지 시험을 위해 동기들과 밤늦게까지 공부하던 시절이 생각난다. 외워도 잊기를 반복하기는 했지만, 그 과정이 있었기에 기초를 쌓을 수 있었다.

인체생리학 Human Physiology 인체 기능과 관련된 생리적 지식으로 심장 및 호흡생리, 감각, 자율신경계, 에너지대사, 근육생리, 신경생리를 배운다. 생리적 지식을 토대로 환자 치료 접근법을 적용하기 위해 배우는 기초 과목이다.

병리학Pathology 인체 각 질환의 병리 현상과 내과학을 배운다.

일반화학General Chemistry 화학의 기본 원리인 물질 구조와 성질, 화학결합, 주기율 등을 비롯해 일반화학 지식을 배운다.

일반물리학General Physics 물질계의 기본 법칙을 이해하고 학습하는 과목이다.

의학용어Medical Terminology 의학 분야에서 널리 사용하는 전반적인 용어를 배운다.

물리치료학개론Introduction of Physical Therapy 물리치료의 정의와 분야 및 의료분야에서 물리치료사의 역할을 배운다. 물리치료 분야 중 전기, 광선, 물, 운동 등을 사용하여 환자를 치료하는 물리치료 기본 개념 및 용어를 학습한다.

신경과학Neuroscience 신경해부학과 신경생리학에 대한 이해를 높이기 위해 중추신경계와 말초신경계의 해부학적 구조, 형태, 기능을 학습한다. 신경학적 손상 질환자를 평가하고 치료하는 이론적 배경지식을 배운다.

신경계 물리치료학 Neurologic Physical Therapy 중추 및 말초신경계 질환의 병리와 임상적 특성을 배운다. 신경계 기초지식을 이해함으로써 신경계 물리치료의 접근성을 높인다.

임상운동학Clinical Kinesiology 인체의 운동 기전과 운동 동작을
이해하고 임상에 필요한 치료 접근법을 학습하고 실습한다.

운동치료학Therapeutic Exercise 주로 근육 및 관절, 골격계의 질환
에 문제점을 평가하고 치료적 운동의 기본 원리를 배운 후,
치료적 운동을 현장에서 응용하도록 학습하고 실습한다.

근골격계 물리치료학 Musculoskeletal Physical Therapy 근육 및 골격계
질환의 원인, 증상, 예후 등 기초로 근골격계 손상 환자의
문제점을 평가하고, 적합한 치료 계획 및 중재를 위한 이론
및 실습을 배운다.

기능훈련 및 일상생활동작 Functional Training & Activities of Daily Living 환
자가 타인의 도움 없이 일상생활동작을 가능한 수행할 수
있도록 하는 기능훈련 방법이나 보조 도구 사용 등 동작 및
기능 방법을 배운다.

수치료학Hydrotherapy 물의 물리화학적 특성을 통해 인체에 치
료 효과를 배운다. 수치료의 일반적인 원리와 적응증, 금기
증 및 환자 적용하는 법을 배운다.

치료적 마사지 Therapeutic Massage 근육을 이완하는 마사지를 다
양한 테크닉과 함께 치료적으로 적용하는 방법을 배운다.

심장호흡 물리치료학 Cardiopulmonary Physical Therapy 심장과 폐의 해부학 및 생리학을 바탕으로 심호흡계 질환 환자에 대한 물리치료학적 평가와 중재법을 배운다.

전기광선치료학Electrophototherapy 전기물리학과 전기생리학의 기본 이론과 물리치료에서 응용될 수 있는 전기진단, 치료 기구 사용법을 학습한다.

스포츠 물리치료학 Sports Physical Therapy 운동 종목별, 신체 부위별로 스포츠 관련 손상을 학습한다. 스포츠 분야 특성에 맞는 물리치료 방법 적용 및 실습을 통해 선수 및 일반인 환자에게 스포츠 손상 예방 및 관리하는 방법을 배운다.

근거 중심 연구 방법 및 통계학 Evidence based Physical Therapy and Statistics 임상에 적용하는 치료의 과학적 근거를 기반으로 환자 평가 및 치료 계획을 위한 임상의사 결정 방법을 배운다. 문헌 검색 및 연구 방법을 학습하며, 통계적 자료 분석하는 방법을 배운다.

노인물리치료학Geriatric Physical Therapy 노화와 관련된 신체, 생리학적 변화와 노인 질환과 기능부전을 학습하고, 노인 특성을 고려한 평가, 치료 과정을 학습한다.

아동물리치료Pediatric Physical Therapy 아동 발달 과정, 아동 질환,

신경생리학적 변화를 학습한다. 아동 질환 평가 및 치료 방법을 습득하며, 아동 발달을 고려한 평가와 치료 과정을 학습한다. '소아물리치료'로 불리기도 한다.

의지 및 보조기 Prosthetics & Orthotics 인체 손상 및 결손 부위에 의지 및 보조기 착용 목적, 구조 및 기능을 이해하고 적절한 의지 및 보조기 처방을 배운다.

의료법규Health Law 의료법, 의료기사법, 전염병예방법, 보건소법의 시행령, 시행규칙 등 보건의료 관계 법규를 배운다.

공중보건학Public Health 지역사회에서 발생할 수 있는 질병 예방을 통해 수명 연장과 개인의 신체적, 정신적 건강을 위한 기본 지식을 학습한다.

임상실습Clinical Practice 물리치료학과 대학생들이 일정 기간 동안 대학병원, 종합병원 등 환자를 접할 수 있는 임상실습 과정을 말한다. 물리치료사가 실제로 환자에게 다양하게 적용하는 치료 형태를 관찰하고, 실습 보조할 기회를 제공한다. 대학 과정 중 필수 과정으로 물리치료학과에 배운 지식 및 실습을 현장에서 활용하는 준비 과정이다.

이 외에도 대학마다 전공선택 과목이 더욱 다양하게 준비되어 있다. 임상에서 일하다 보면 다시 대학 교재를 꺼내서 공부해야 할 때도 있다. 결국은 기초가 중요하기 때문이다. 기초가 탄탄해야 치료도 응용이 가능하다. 사소하게 놓쳤던 것들이 연차가 바뀔 때마다 새롭게 느껴진다. 오히려 귀한 내용일 때가 많다.

I am a physical therapist

물리치료학과도
해부학 실습을 하나요?

대학 1학년 철없던 시절, 공부를 등한시하다가 해부학 담당 교수님께 군대나 가라며 꾸중을 들었던 기억이 난다. 물리치료학과에서 인체해부학 과목은 매우 중요하다. 인체해부학을 충분히 학습하지 않으면, 학년이 올라갈 때마다 배우는 물리치료학 세부 과목을 따라가지 못한다. 해부학을 바탕으로 대부분의 전공과목이 응용되기 때문이다.

물리치료학과에서는 해부학 실습을 직접 하지 않는다. 물리치료학과에서는 뼈 모형, 교재를 이용해 해부학적 명칭, 구조, 기능 등을 배운다. 종종 외국 의료기관에서 시행하는 카데바cadaver, 해부학 시신 교육을 신청해 학습하기도 한다. 아무래도 직접 카데바를 살펴보고, 인체 조직과 기능을 학습할 수 있다는 장점에서다.

대학 2학년 때는 수업 시간에 쥐를 직접 해부하는 경험을 했다. 교수님 지도하에 학생 5~6명당 쥐 한 마리를 해부한 시간이 잊혀 지지 않는다. 무서워하며 소리 지르는 동기도 있었는데, 생각보다 해부 과정이 난해했다. 그때 당시에는 그저 빠르게 끝났으면 하는 바람이었다.

물리치료학과는 인체 해부 실습을 하지는 않지만, 인체를 다루는 직업인만큼 해부학 공부가 필수다. 대학에서도 인체해부학, 기능해부학, 신경해부학 등 해부학 과목을 여러 번 다룬다. 해부학 지식이 탄탄할수록 평가와 치료가 기초부터 응용까지 광범위하게 활용되므로 중요성은 말로 설명할 수 없을 정도다. 어렵더라도 깊게 학습해야 한다.

I am a physical therapist

2 물리치료사의 취업

대입을 준비하면서 물리치료학과를 선택했던 이유는 취업률이다. 당시 물리치료학과 졸업생 중에는 취직을 못 하는 사람이 거의 없을 정도로 취업률이 높았고, 성장을 더 할 수 있는 유망 직업이라 판단했다.

물리치료사 면허를 취득하고 처음 일했던 개인 의원에서는 신입이지만 치료실에서 혼자 일을 해서 실장 직책이었다. 치료실을 쉴 틈 없이 왔다 갔다 하면서 환자를 치료했는데, 대부분이 고령층 환자였다. 그분들 중에는 덕분에 몸이 좋아졌다며 따뜻한 감자나 옥수수를 간식으로 건네는 분들이 계셨다. 손사래를 치며 괜찮다고 말해도 '선생님'이라고 호칭하며 간식을 권하는 분들을 만날 때 이 직업에 대한 보람과 정겨움을 느낄 수 있었다. 하지만 병원이 다른 지역으로 이전을 하게 되면서 한 달 반 만에 그만두게 되었다. 그래서 첫 취업이라는 느낌이 덜했다.

내가 생각하는 첫 번째 일터는 스포츠재활 전문병원이다. 평소 일하고 싶었던 스포츠 분야에 지원하기 위해 살펴보

I am a physical therapist

던 중에 운 좋게 채용 공고를 찾아냈다. 이력서와 자기소개서를 정성껏 작성해 채용 지원했다. 며칠 후 면접을 보러 오라는 전화를 받았다. 당시 국내에 몇 안 되는 스포츠재활 전문병원 중 하나로, 국가대표와 프로선수 등 유명인이 많이 찾아오는 곳이었다. 그토록 취업을 원했던 병원에서 면접을 보러 오라고 하니 전화에 소리치며 만세를 불렀다. 합격한 것도 아닌데 말이다.

당시 나는 지방에 살고 있었는데, 면접을 보기 위해 서울에 있는 병원에 가야 했다. 추운 겨울이었다. 면접 당일은 유난히 눈이 펑펑 쏟아졌고 창밖으로 바람도 휘몰아치고 있었다. 어린 마음에 눈이 많이 와서 서울에 가면 안 되겠다고 판단했다. 병원에 전화를 걸어 "오늘 물리치료사 면접자인데, 눈이 많이 와서 못 가겠어요."라고 말했다. 전화 받은 담당자는 당황하며 알겠다고 했다. 속으로 이상한 놈이라고 생각했을 것이다. 나 역시 아까운 기회를 놓쳤다며, 눈 핑계로 가지 않은 나 자신을 한심하게 생각했다. 하지만 며칠 후 그 병원에서 다시 전화가 왔다. 면접을 보러 오라고 말이다. 쾌재를 부르며 상경했다.

면접 때 기억이 아직도 생생하다. 세 명의 면접관과 열 명의 면접자가 있었다. 제주도에서 온 사람도 있었고, 지방에서 올라온 사람이 대부분이었다. 지원 동기와 관심 분야에 대해 질문했다. 자기소개서에 골프 트레이닝에 관심이 있다며 적어놓았는데, 그 질문을 받았던 기억이 난다. 운 좋게도 합격 통보를 받았고, 내가 원하는 직장 생활이 시작되었다. 스포츠 분야에 취직한 것이 당시 내게는 큰 자부심이었다. 병원에 취직한 후 전화했던 담당 선임에게 왜 다시 기회를 주셨냐고 물어봤다. 그 선임은 "병원에서 해마다 신입 면접 전화를 많이 돌렸는데, 너처럼 눈 온다고 안 온 놈은 처음이었다"라며, 얼굴 한 번 보고 싶어서 불렀다고 했다. 특이한 후보자였던 것이다.

I am a physical therapist

환 예방 및 운동
대한방사선의학협회

Q1
취업 시 물리치료사 국가고시는
필수인가요?

한국보건의료인국가시험원^{국시원}에서 주최, 운영하는 물리치료사 면허 시험은 1년에 한 번 실시한다. 물리치료학과를 전공하고, 국시원에서 요구하는 교과과정을 이수하고, 응시 결격 사유가 없는 사람이 시험을 볼 수 있다. 지난 2024년 12월 8일, 52차 물리치료사 국가고시 합격률은 76.8퍼센트였다. 4천여 명에 달하는 물리치료사가 합격했다. 2008년 물리치료사 국가고시에는 2,364명이 합격했다. 전에 비해 합격자 정원이 대폭 늘어난 추세다.

물리치료사로 병원에 취업하려면 국가고시는 필수적이다. 국가고시에 합격하여 면허가 있어야 물리치료사로 인정받고 치료 업무를 할 수 있다. 병원에서 물리치료사는 물리치료실에서 처방되는 치료 수행과 처방 코드를 통해 급여 및 비급여 보험 청구를 한다. 병원 취직 시 물리치료사 면허 사본을 제출하는 이유 중 하나다. 면허는 국가에서 인정하고 이를 활용할 수 있도록 제도적 마련이 되어 있다. 따라서 물리치료사 면허 취득 후 면허 번호 등이 표시된 면허증을 SNS 등에 함부로 공개하면 안 된다.

만약 병원 바깥에서 물리치료 관련 업무를 한다면 면허가
꼭 필요하지는 않다. 병원 밖에서는 보험 청구 등이 관련되
어 있지 않기 때문에 치료에 필요한 업무 역량이 필요할 뿐
이다. 의료기기 및 운동기기 회사, 필라테스센터, 요가센터,
스포츠센터 등이 그에 해당한다. 하지만 이러한 직장이라도
물리치료사 면허가 있으면 우대를 받을 수는 있을 것이다.

Q2
물리치료사 채용 과정은
어떻게 진행되나요?

물리치료사 채용 과정은 병원 및 부서마다 다르다. 일반적으로 채용공고가 올라오면 1차는 서류 전형, 2차는 면접으로 이루어진다. 서류 전형은 이력서와 자기소개서가 기본이다. 면접은 구술 면접과 실기 면접을 보기도 한다. 도수치료 경력직을 뽑을 때 실기 면접을 여러 번 했었다. 때때로 채용 병원 또는 회사마다 업무 형태에 따라 영어 또는 전공 관련 시험을 드물게 보는 곳도 있다. 해당 채용공고를 꼼꼼하게 잘 살펴야 한다.

이력서와 자기소개서는 채용 과정 중 기본이다. 면접을 생략하는 곳은 가끔 있으나 이력서와 자기소개서 서류 전형을 하지 않는 곳은 없다. 이력서는 대학생 시절부터 틈틈이 준비하기를 권한다. 자신이 참여한 교육 또는 취득한 자격 이력을 하나씩 적어보면 좋다. 대학 생활 중 활동도 돌아보고 하나씩 이력을 쌓아나가는 재미가 있다.

이력서와 자기소개서는 채용공고에 양식이 있는 경우와 자유 양식으로 나뉜다. 이력서 기재 내용은 비슷하다. 성명,

나이, 주소, 연락처 등 개인 기본 정보를 기입하고 학력과 경력, 자격 사항 등 업무와 관련된 내용을 작성한다. 업무와 관련 없는 내용을 기재할 필요가 없다. 예를 들어, 도수치료 담당 물리치료사 채용이라면 관련된 경력과 자격, 교육이수 내역을 적으면 된다. 물류 유통센터나 편의점에서 아르바이트했던 내용을 적을 필요는 없다는 뜻이다. 이런 내용은 자기소개서에 대학 시절 다양한 아르바이트를 통해 서비스직 경험과 고객 응대를 잘할 수 있음을 적으면 된다.

자기소개서 작성은 지원하는 곳의 홈페이지를 통해 어떤 곳인지 살펴보는 게 꼭 필요하다. 빠른 취업을 위해 자신이 원하지 않는 직장에 지원하게 되면 취업했다가 그만두는 경우가 생긴다. 해당 직장의 정보를 토대로 자신이 어떤 인재이며, 도움이 되고 함께 성장 가능하다는 점을 적으면 좋다. 채용하는 담당자 입장으로 자기소개서를 읽다 보면 당황하게 되는 경우가 있다. 다른 회사 이름이나 지원 업무 분야와 전혀 관계없는 내용이 적혀있을 때다. 이런 경우에는 이력이 아무리 좋다고 해도 면접을 보지 않고 서류 전형에서 탈락시킨다. 기본적인 매너이므로 반드시 지원하는 병원에 맞춘 이력서와 자기소개서를 작성해서 제출하기를 바란다.

면접의 방식은 천차만별이다. 5분 이내로 짧게 끝나는 경우도 있고, 한 시간까지 이어지기도 한다. 면접관이 한 명일 수도 있고 여러 명일 수도 있다. 혼자 면접을 보는 경우도 있고 여러 면접자가 동시에 하는 경우도 있다. 어떤 상황이 될지 모르니 면접 전 다양한 상황의 면접 시뮬레이션을 준비하는 것이 좋다. 대부분 면접에서 물어보는 내용은 자기소개와 지원 이유이다. 적어도 이 두 가지 질문에는 막힘없이 대답할 수 있어야 한다. 면접 내용은 이력서와 자기소개서를 바탕으로 나오기 때문에 평소에 준비를 잘해야 한다. 간혹 이력서와 자기소개서에 포함되지 않는 내용을 물어보기도 하지만 대부분은 기본적인 질문이므로 긴장하지 않고 솔직하게 답하는 것이 중요하다.

면접이 끝난 후 즉시 또는 며칠 후 채용 결과가 나온다. 보통 채용에 합격하면 문자 또는 전화로 연락이 온다. 홈페이지에 게시하는 경우도 있다. 채용 결과가 어떻게 공지되는지도 면접 전이나 면접 후에 문의해 보자. 지원 후 피해야 할 몇 가지 행동 수칙이 있다. 채용 결과가 불합격이라도 이유를 묻거나 다시 기회를 달라고 연락하지 않는 것이다. 채용 담당자도 많은 고민 끝에 채용 결과를 결정한다. 그렇기에 마음에 안 드는 결과가 나왔다고 전화나 문자로 연락하지 않도록 한다. 채용 담당자도 업무상 바쁘기에 응대가 어렵고, 왜 떨어졌는지 이유를 설명하기가 난감하다. 상대 입장을 배려해 채용 지원 예의를 지키길 권한다.

채용에 떨어진 곳에 다시 기회가 있다면 한 번 더 지원해 볼수는 있다. 두 번째는 잘 준비해서 합격할 수도 있기 때문이

I am a physical therapist

다. 반대로 여러 번 지원해도 떨어질 수 있다. 나는 한 병원에 세 번 지원했다가 떨어진 적도 있었다. 불합격의 이유가 단순히 실력의 문제라기 보다는, 내가 병원의 인재상과 맞지 않아서일 수도 있으니 너무 상심하지 않아도 된다.

물리치료사는 다양한 분야에 취업할 수 있다. 특정 병원에 취업을 못 했더라도 다른 병원 또는 회사에 취직할 수 있다. '내가 일할 수 있는 곳은 많고, 나를 필요로 하는 직장은 꼭 있다.'라는 마인드가 필요하다. A라는 병원에 떨어졌는데, 더 좋은 조건에 더 많은 것을 배울 수 있는 B병원에 취직하기도 했다. 환경이 좋아서 지원했다가 합격한 병원이 있었는데, 고민 끝에 가지 않은 적도 있었다. 다른 병원을 지원하고 기다리는 과정을 반복하며 취업했다. 기다림 끝에 낙이 오듯이 취업에 성급하게 생각하지 않고, 인내하며 잘 준비하면 내가 성장할 수 있는 훨씬 좋은 직장이 찾아온다.

Q3
외국어 성적이나
교육 이수가 꼭 필요한가요?

일반적인 병원 취업 시 외국어 성적이나 교육 이수가 꼭 필요하지 않다. 다만 해외 물리치료사 취업이나 외국인을 치료하는 병원 등을 포함한 일부 직장에서는 외국어 성적이 필수이다. 나의 경우 2008년 졸업을 앞두고 취업 준비를 할 때 대학병원 인턴을 지원하면 대부분 외국어 성적을 요구했다. 나는 대학병원보다 스포츠 분야 진출을 더 원해서, 외국어 공부에 열중하진 않았다. 토익 시험을 몇 차례 본 적은 있었지만, 취업을 위해 시험을 보진 않았다.

그러나 요즘은 외국어 공부를 하는 물리치료사도 늘어났다. 외국어 능력이 필요한 분야를 알기에 미리 잘 준비하는 것이다. 정기적으로 만나는 후배는 미국 물리치료사 시험 준비를 위해 영어를 꾸준히 하고 있다. 미국 면허 시험은 당연히 영어로 진행된다. 필기와 구두 실기 시험이 있다. 또한 면허 취득 후 현지에서 일하기 위해서 실제 환자들을 만나 대화하며 잘 소통해야 하기 때문이다. 환자가 말할 때 미묘한 뉘앙스나 요구를 파악하기 위해서는 원활한 영어 능력이 필요하다. 외국에서 일하는 선배가 항상 강조하는 것도

외국어 능력이다. 외국인이 현지에서 일할 때 실력도 중요
하지만, 외국어 능력이 뒷받침되지 않으면 현실적으로 일
하기 힘들다는 조언이었다.

교육 이수도 신입 취업에 꼭 필요한 조건은 아니다. 대학에
서 배우는 전공 교과목을 토대로 임상에서 환자를 치료하
며 대부분 교육을 이수하기 때문이다. 하지만 연차가 쌓이
고 경력자가 될수록 이직 시 교육 이수 현황을 고려하게 된
다. 실전에서 쌓인 경험과 실력이 자기소개서에 충분히 드
러나면 좋겠지만, 새로운 분야에 취업을 원할 때는 관련 교
육 이수 사항이 있다면 유리하다. 병원은 바로 업무에 투입
되어 성과를 낼 수 있는 치료사를 선호하기 때문이다.

나는 저연차 때 도수치료와 신경계 운동치료 교육과 골프
트레이닝 교육을 이수했다. 스포츠재활 전문병원에서 일
하면서 대학원에서 스포츠의학과 전공으로 석사 과정을
밟았다. 아무래도 스포츠 분야에서 경력을 계속 쌓아가고
전문가가 되기 위해 관련된 노력을 한 것이다. 교육 이수가
꼭 필요한 건 아니지만 이직할 때 도움이 됐다. 연차가 낮았
는데도 합격하는 데 큰 힘으로 작용했다. 채용 담당자 눈에
는 물리치료에 대한 열정과 노력으로 받아들여진 듯했다.

실제로 환자를 치료하다 보면 끊임없이 공부할 수밖에 없
다. 환자를 잘 치료하고 싶은 마음이 있다면 교육에 계속 참

여하게 된다. 하지만 너무 많은 교육을 권하지는 않는다. 교육 이수가 실력에 비례하는 것은 아니며, 배운 내용을 숙련하는 데에는 시간이 꽤 걸리기 때문이다. 그러므로 내가 취업하고 싶거나 향후 활동하고 싶은 분야를 적절하게 선택해서 공부하면 좋다. 물리치료사에게 공부는 숙명이기에 지치지 않고 꾸준히 노력하기를 바란다.

I am a physical therapist

<h1 style="text-align:center">Q4
공부를 잘해야
대학병원에 갈 수 있나요?</h1>

대학병원은 장점이 많다. 병원 시설 규모가 크고, 잘 갖춰진 시스템 속에서 다양한 업무를 할 수 있다. 정규직이라면 정년이 보장되며, 대학 교직원으로서 복지 및 혜택을 누릴 수 있다. 무엇보다도 안정적인 환경과 여건에 근무할 수 있어서 선망의 취업지다. 성적과 대학병원 취업이 꼭 비례하진 않지만, 대학 학점이 취업 시 제출 서류라면 고려 사항이 된다. 외국어 공부를 더 많이 해서 외국어 성적이 좋다면 취업 확률이 높아진다. 공부를 잘한다는 의미가 대학 전공 학점과 외국어 성적에 국한하지 않는다.

신입이 아니라 경력직 채용이라면 대학 전공 학점, 외국어 성적뿐만 아니라 전 직장 경력과 교육 이수 사항, 면접 결과 등이 합격 여부에 영향을 준다. 대학병원 물리치료사 채용 관련 부서와 업무 연관성이 높은 경력과 교육 이수는 필요해 보인다. 이력서와 자기소개도 중요하다. 면접을 준비할 수 있지만 결과에 어떤 영향을 줄지 모른다. 이렇듯 여러 요소가 작용하니 꼭 공부를 잘한다고 대학병원에 갈 수 있는지는 미지수이다.

절대적이지는 않지만, 일차적으로 공부를 잘한다고 표현할 수 있는 지표가 높을수록 취업에 유리하다. 채용 담당자 또는 결정권자 입장으로 본다면 학점과 외국어 성적은 성실함의 척도이기 때문이다. 물론 졸업 후에 뒤늦게 공부를 열심히 잘해서 성과를 낼 수도 있다. 나는 대학 졸업 전까지 공부를 잘하지 못했고 공부하는 데 성실하지도 않았다. 실습을 다녀온 후 물리치료사의 장점과 매력을 느꼈고, 그때부터 열심히 하게 되었다. 어릴 때는 학교 선생님이 공부의 필요성에 대해 아무리 말해도 잘 이해하지 못했다. 학생은 공부할 때이고, 나중에 자신이 하고 싶은 일을 선택할 수 있게 하려면 지금부터 열심히 하라고 당부하셨었는데, 나는 정작 대학을 졸업하고 사회생활을 한 후에야 그 말을 이해할 수 있었다.

대학병원에 취업하는 것이 목표라면 병원마다 기준이 다르니 홈페이지 등 검색을 통해 알아보는 것이 좋다. 먼저 취업해서 재직 중인 선배에게 조언을 구하는 것도 좋다. 대학병원이 필요로 하는 채용 기준을 알아야 취업 확률이 높아지기 때문이다. 막연히 공부를 잘한다고 되는 것이 아니다. 가고자 하는 곳이 원하는 기준을 알고 철저히 준비한 사람이 합격의 기쁨을 누릴 수 있을 것이다.

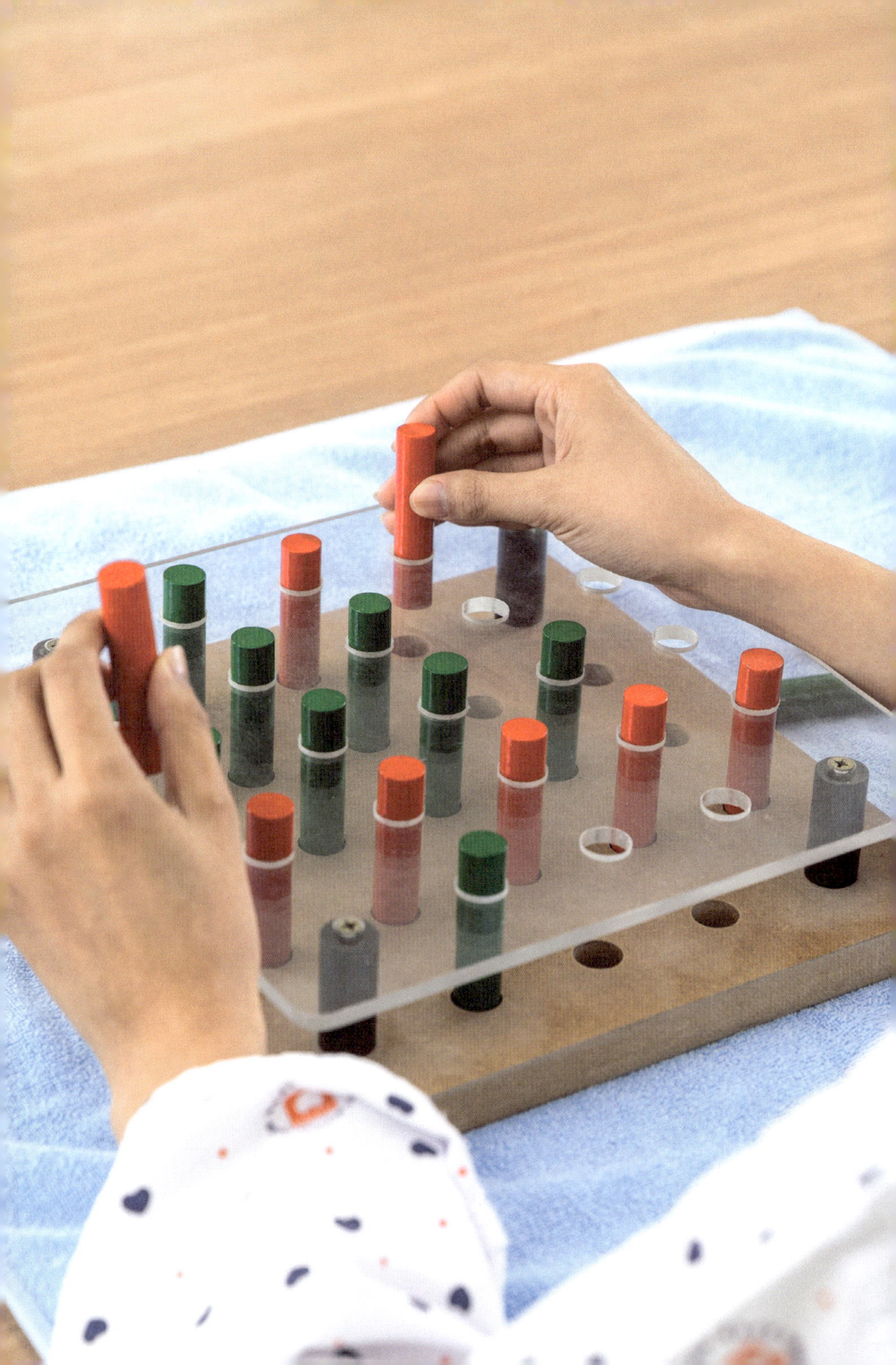

Q5

병원 면접을
준비하는 방법이 있을까요?

환자마다 맞춤 치료를 해야 하듯 병원 면접도 맞춤으로 준비해야 한다. 병원 면접의 기본은 이력서와 자기소개서를 잘 준비해서 작성하는 것이다. 병원 면접에서 자기소개와 지원 이유는 필수다. 대부분 면접에서 물어보기에 자연스럽고 자신감 있게 말할 수 있도록 연습한다. 문서를 보며 면접 연습하기보다 친구나 부모님 등 다른 사람을 앞에 두고 면접관이라고 생각하며 모의 질문과 답변을 해본다. 이때 예상 면접 장소와 질문을 다양하게 시뮬레이션해 보는 게 좋다. 면접장은 대부분 진지하고 엄숙한 분위기에서 진행된다.

면접 당일에는 정장을 입거나 최대한 단정한 복장을 갖춘다. 헤어스타일, 신발 등 외관상 보이는 모습을 깔끔하게 준비한다. 물리치료사는 환자를 치료하고, 사람을 대하는 의료 보건 서비스직이다. 다양한 사람을 만난다는 관점에서 신뢰하고 좋은 인상을 줄 수 있도록 신경 써야 한다. 면접 시간에 늦지 않도록 여유 있게 집을 나선다. 간혹 교통 체증으로 인해 늦는 경우도 생긴다. 대수롭지 않게 넘기는 면접관도 있지만, 시간 약속을 중요시하는 면접관이라면 채용 결과에 영향을 미친다. 중요한 면접 시간도 못 지키는데 출근 시간과 치료 시간을 잘 지킬 수 있을까 하는 생각이 든다. 내가 면접관으로 사람을 뽑을 때도, 아무리 좋은 이력의 지원자라고 해도 이유 없이 늦으면 좋은 결과를 알려주지 못했다.

면접 질문에 대한 답변은 명료하게 하는 게 좋다. 장황하게 설명하거나 하지도 않았던 일이나 실현 불가능한 말을 많이 늘어놓으면 면접 결과는 부정적이다. 질문을 잘못 듣거나 이해하지 못했다면 양해를 구하고 다시 물어도 괜찮다. 질문을 이해하지 못한 채 다른 답변을 한다면 이 또한 부정적인 면접 결과로 이어진다. 면접관도 채용하고 싶은 좋은 인재가 긴장해 있다면 다양한 방법으로 긴장을 풀어주기 위해 노력하며 기회를 줄 것이다.

지원한 병원에서 합격 후 현실적으로 어떻게 일할 수 있는지도 진지하게 생각해야 한다. 병원이 현재 거주지가 아닌 타지역인 경우 출퇴근 거리와 시간, 업무 형태와 생활 방식이 내가 생각했던 것과 일치하는지도 살펴야 한다. 병원이 좋아 보여 지원하고 취직했는데, 생각한 업무가 아니어서 당황하거나 실망해 그만두는 경우도 꽤 있기 때문이다.

I am a physical therapist

Q6
국가대표 선수 트레이닝은
어떻게 준비하나요?

올림픽, 월드컵 등 유명한 국제대회나 스포츠 경기를 보면 국가대표 선수의 위대함을 엿보게 된다. 물리치료사가 국가대표 선수를 트레이닝하는 경우는 크게 세 가지다. 선수촌 또는 스포츠 종목 협회 소속, 스포츠재활 전문병원 소속, 스포츠 전문 센터에 소속되어 일하는 경우다.

먼저, 태릉선수촌, 진천선수촌 등 국가대표 선수들이 훈련하는 곳에서 물리치료사로 일할 수 있다. 대학생이라면 각종 국제, 국내 대회에 의무 봉사활동을 통해 경험을 쌓는 게 유리하다. 보통은 막 졸업한 신입 물리치료사를 채용하기보다 경력직 물리치료사를 선호한다. 이때 스포츠 물리치료 교육 이수 사항이나 선수 트레이너 자격이 취업에 도움이 된다. 대한체육회 홈페이지 또는 각 스포츠 종목 협회에서 채용공고가 공지된다. 평소 관심 있는 스포츠 종목 분야의 채용공고를 살펴보고, 우대사항 등 필요 이력을 충족해야 한다. 준비된 자만이 원하는 것을 얻을 수 있다는 말은 스포츠 분야에 더 적용된다.

두 번째는 스포츠재활 전문병원에 취업하는 경우다. 나도 이 경우로 취업했는데, 병원장님이 축구 국가대표 주치의이자 골프협회 의무 위원으로 활동했다. 자연스럽게 축구 국가대표와 골프선수가 재활과 트레이닝을 위해 병원을 찾았다. 당시 병원장님의 스포츠의학 분야에서 명성이 높았기에 축구, 야구, 골프, 농구, 배구, 피겨스케이팅, 태권도, 사이클 등 여러 종목의 국가대표 선수가 병원을 찾았다.

덕분에 근무했기에 다양한 국가대표 선수를 치료하고 트레이닝할 기회도 상대적으로 많았다. 스포츠재활 전문병원에서 일하다 대표팀, 프로팀에 파견을 나가거나 추천으로 이직하는 경우도 종종 있다. 이러한 스포츠재활 전문병원을 찾아 스포츠 관련 부서 업무를 살펴보고 채용 시 지원해 보는 게 좋다. 요즘은 발목, 무릎, 어깨, 척추 등 부위별 재활전문 병원도 꽤 많아지고 있고, 유명한 의사를 찾아 국가대표 선수도 찾는 편이다.

세 번째는 스포츠 전문 센터에서 개인 훈련을 위해 오는 국가대표 선수를 트레이닝할 수 있다. 대부분 병원과 센터는 의사 또는 대표가 국가대표 팀이나 스포츠의학 분야에서 활동한다. 국가대표 선수가 아무 곳에서 재활과 트레이닝을 할 수는 없는 법이니 검증된 전문가를 찾아 트레이닝해야 한다. 그래서 스포츠에 특화된 센터를 눈여겨보고 지원하는 방법도 있다.

국가대표 선수는 고강도 훈련과 치열한 경기를 하므로 부상 위험에 항상 노출된다. 부상 치료, 재활, 관리 및 예방에 대한 스포츠 물리치료 공부뿐만 아니라 운동생리학, 트레이닝 방법론, 영양학, 심리학 등에 공부도 필요하다. 국가대표 선수뿐만 아니라 선수 재활과 트레이닝에 관련된 전공도 성실히 살펴야 한다. 또, 심도 있는 교육 이수로 숙련된 실력을 갖춰야 한다. 또한 스포츠 분야는 치료적 마사지와 테이핑은 기본 기술이다. 해당 종목에 대한 경기 규칙과 선수 분석도 필요하다.

Q7
물리치료사도
연구직으로 일할 수 있나요?

물리치료사는 물리치료학사, 이학사, 보건전문학사로 대학을 졸업한다. 이후에 의료 보건, 자연과학 분야 연구원으로 대부분 진출하는 편이다. 물리치료사는 연구직으로 국립재활원, 대학 및 대학병원, 특수기관에서 일할 수 있다. 간혹 학사 연구원을 채용하기도 하지만 대부분 석사, 박사급 연구원을 채용한다.

국립재활원은 보건복지부 산하에 있는 공공기관이다. 국립재활원에서 환자를 직접 재활 치료하는 물리치료사도 있지만, 연구원으로 활동하는 물리치료사도 있다. 공공기관이기에 연구원이면서 공무원이다.

국립재활원의 재활연구소는 건강보건연구과, 재활보조기술연구과, 임상재활연구과로 나뉜다. 자립생활지원기술, 장애인 건강보건관리, 재활로봇중개연구, 돌봄로봇 및 서비스 실증 연구개발, 임상재활테스트베드 사업 등 다양한 연구와 과제를 수행한다. 정부 연구, 과제사업뿐만 아니라 민간기업과 교류하고 협업하며 연구한다. 국립재활원 홈

I am a physical therapist

페이지 채용공고 게시판을 통해 채용 일정 및 절차 내용을
확인할 수 있다.

대학 및 대학병원에서도 각 대학 전공마다 기초 및 임상 연
구를 수행한다. 따라서 물리치료사는 대학 및 대학병원 내
연구소에 소속되어 일한다. 선배 한 명은 대학병원 내 직업
환경의학과 연구교수로 소속되어 연구하며 일하고 있다.
재활의학과 소속이 아니더라도 임상 관련 전공과목에 소
속되어 연구원으로 일하는 것이다. 보통 대학원 석사, 박사
과정 중 전일제라면 연구원으로 소속되어 각종 연구 및 정
부 과제를 수행한다. 아무래도 연구를 중점으로 하는 대학
원생인 경우 연구직으로 취업 기회가 더 많아진다.

기업이나 특수기관에서 연구원으로 일할 수 있다. 기업도
부설 연구소가 있고 물리치료사가 있다. 특수기관 형태는
다양한데, 예를 들어, '한국노인노쇠코호트사업단'처럼 일
정한 프로젝트 식으로 공동으로 연구하기도 한다. 공동 연
구원 형태로 대학병원, 대학에 속한 교수 또는 대학원생이
연구 수행한다. 나도 이 단체에 공동 연구원으로 참여했다.

물리치료사가 연구직으로 활동할 수 있는 가장 기본적인
경로는 대학원 진학 후 석사, 박사 과정을 통해 연구 방법을
배운 후 연구직으로 취업하는 것이다. 물리치료 분야뿐만
아니라 의료기관, 보건기관, 체육기관 등 연구직으로 진출

하는 경우도 꽤 있다. 대학교수가 된다면 강의와 연구를 하
며 활동한다. 물리치료사로서 임상직과 연구직은 다른 업
무 형태이기에 연구직도 자신한테 잘 맞는지 살펴보고 일
하길 권한다.

물리치료사에 대한 정보는
어디서 얻을 수 있나요?

물리치료사에 대한 정보는 대학 학과, 물리치료사협회, 인터넷 커뮤니티에서 얻을 수 있다. 대학생이라면 학과 사무실에서 여러 가지 정보를 얻는다. 진로 대한 고민이 있다면 교수님 또는 졸업한 선배에게 직접 묻고 대화하는 편이 좋다. 대학생이 너무 많은 정보의 홍수 속에 좋은 정보를 선택하기는 쉽지 않기 때문이다. 선배 물리치료사인 교수님과 졸업한 선배에게 조언을 구하며 궁금증을 먼저 풀어보자.

면허를 취득하면 대한물리치료사협회 회원이 된다. 협회 회원은 보통 정회원과 준회원으로 나뉜다. 정회원은 회비 납부와 보수교육을 통해 유지한다. 대한물리치료사협회는 중앙회와 전국 16개 시·도회가 있다. 자신이 거주하거나 일하는 지역에서 보수교육이나 시·도회에서 지원하는 교육이나 복지 혜택을 누릴 수 있다. 가장 큰 이점은 협회 홈페이지에 등록된 채용공고를 볼 수 있다. 채용공고를 살피다 보면 매일 수많은 병원과 기관, 회사 정보를 얻는다. 대한물리치료사협회 중앙회 또는 시·도회 홈페이지 또는 소속 협회 사무실에서 얻을 수 있는 정보는 최대한 얻는 것이 좋다.

물리치료를 전공하는 학생과 물리치료사가 많이 이용하는 인터넷 커뮤니티가 있다. '물작메'라 불리는 네이버 카페와 '전물동' 다음 카페가 대표적이다. 가장 활성화된 카페 '물작메'는 2025년 7월 기준 약 15만 9천여 명의 회원이 가입되어 있다. 물리치료사뿐만 아니라 일반인도 많이 가입해 정보를 얻는다. 취업, 교육 정보부터 각종 단체, 자유게 시판 등 많은 정보가 있다.

인스타그램 등 SNS를 통해 물리치료 정보를 얻기도 한다. 개인 SNS 활동이 활발해지면서 사진과 영상, 글을 통해 직관적인 정보가 많은 편이다. 물리치료사가 올리는 치료에 대한 정보나 영상이 많아 이를 통해 물리치료에 대해 알아가는 일반인도 많다. 유튜브를 통해서도 정보를 얻을 수 있다. 다만 인스타그램이나 유튜브 등의 영상은 비공식적인 정보 내용 또는 흥미 위주의 내용도 많으므로 정보 선택에 판별이 필요하다. 물리치료사가 유익한 건강 정보를 알리며, 많은 구독자와 팔로워가 있는 인플루언서로 활동하는 사례도 늘고 있다. 직업 역량을 알리는데 좋은 방법 중 하나이다. 인플루언서의 선한 영향력으로 언론미디어에 유익하고 좋은 정보가 알려지길 바란다.

전통적인 방법이지만 책을 통해서도 물리치료사 정보를 알 수 있다. 인터넷이나 SNS에서 접하는 최신 정보나 내용은 빠르게 습득할 수 있다는 장점이 있다. 그러나 책이 줄 수 있는 깊고 많은 정보와는 반드시 비교가 된다. 아마 이 책을 읽는 독자도 인터넷 검색, SNS, 유튜브 등에서 얻을 수 없는 물리치료사 직업과 진로를 알기 위해 독서를 선택했을 것이라고 생각한다.

I am a physical therapist

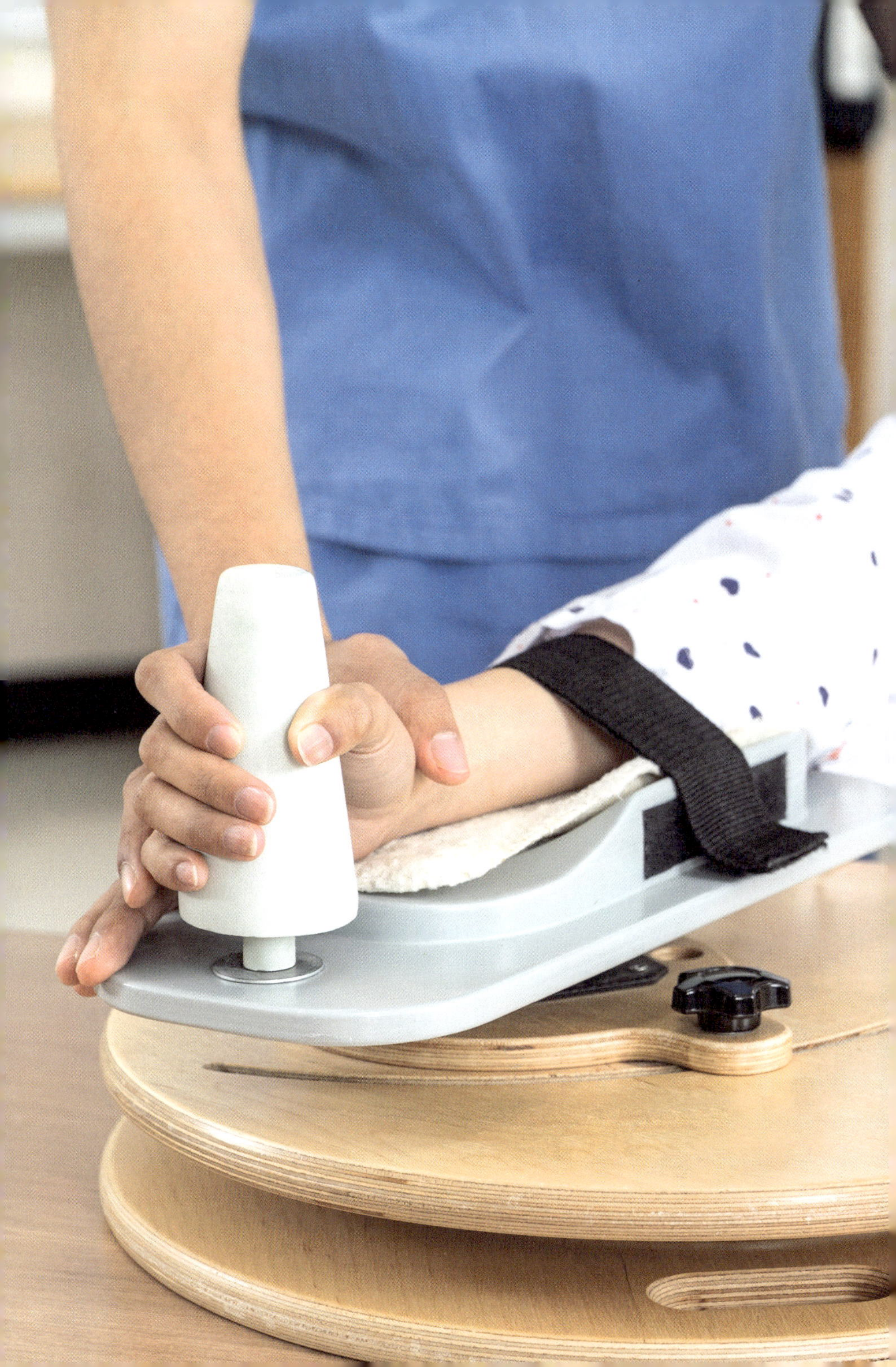

3 실전 물리치료

대학을 졸업하고 취업하면 그때부터 실전이다. 실력이 부족해 실수하게 되면 환자는 이해해 주지 않는다. 처음부터 환자 치료를 적극적으로 맡기지는 않기 때문에 겁을 낼 필요는 없지만, 결국은 환자를 직접 치료해야 한다는 걸 생각해야 한다.

나의 첫 환자는 20대 중반의 발목 골절 환자였다. 수술을 마치고 재활을 위해 입원한 상황이었고, 어떻게 치료하면 되는지 선임이 알려줬다. 환자가 목발을 짚고 오는데, 나에게 다가올수록 긴장이 됐다. 자연스러운 표정으로 능숙하게 치료하고 싶었지만 쉽지 않았다. 환자도 땀을 뻘뻘 흘리면서 발목 관절운동을 돕는 내가 안쓰러웠는지 격려의 말을 해 주었다. 십분의 치료 시간이 두 시간처럼 느껴졌다.

처음부터 치료를 잘하는 사람은 없다. 취업 후 숙달되기까지 반드시 시간이 걸린다. 공부도 하고 실습도 하면서 실력을 쌓아야 한다. 졸업하고 3년 차까지는 병원에서 일하고, 저녁에는 밤늦게까지 공부하는 나날이 이어졌다. 일 년에 절반 이상은 학회 교육에 참여하며 숙련의 시간을 가졌다. 주말 교육을 들으면서는 '고등학생 때 이렇게 공부했어야 했는데'라며 우스갯소리도 하곤 했다.

5년 차가 되니 치료 과정에 어느 정도 자신감이 생겼다. 환자에게 도움을 주는, 제법 치료를 잘하는 치료사 소리를 들을 수도 있었다. 환자가 회복에 성공하는 만큼 물리치료사는 더 실전에서 살아남게 된다. 결국 치료사가 치료를 잘해야 하는 건 당연한 이치이기 때문이다.

Q1
병원 취업 후
가장 먼저 무엇을 하나요?

병원에 취업하면 적응 기간을 갖는다. 신입 물리치료사를 처음부터 환자 치료에 투입하지 않는다. 병원 취업 첫날은 병원 내부를 돌며, 의사, 간호사, 물리치료사, 병원 내 구성원에게 인사를 한다. 누가 누구인지 알아야 일을 할 수 있기 때문이다.

미리 부서가 정해지는 경우도 있지만, 순환 근무하는 병원일 경우 출근 날 부서가 배치되는 경우도 있다. 치료복을 지급받고, 근무할 치료 부서에 치료 공간과 의료기기에 대한 작동법을 설명 듣는다. 병원마다 의료기기가 다르므로 조작법은 여러 번 설명 듣고, 꼭 직접 해봐야 한다. 환자가 왔을 때 안내나 동료 간의 소통 방법 등 치료실에서 이뤄지는 전반적인 업무를 천천히 익히게 된다. 의료 차트 보는 법과 작성법도 배운다.

실습생 때처럼 선배가 환자 치료하는 모습을 일주일 정도 지켜보며 설명을 듣기도 한다. 선배도 신입 물리치료사에게 환자를 배정하고 치료를 맡기는 건 고민되고 부담스럽다.

후배의 적응도 도와야 하고, 환자를 잘 치료할 수 있도록 단계별 지도가 필요하기 때문이다. 처음부터 어려운 사례의 환자를 배정하지 않는다.

막 취업한 입장에서는 뭐라도 하고 싶지만, 환자를 맡는다고 단박에 치료 효과를 줄 수 있는 게 아니다. 완성형 물리치료사는 없다. 선배도 환자도 막 취업한 치료사도 적응 시간이 필요하다. 적응기를 무난하게 넘기면 치료를 잘하든 못하든 사고 없이 치료에 들어서게 된다. 동기 중 취업 초기에 어려운 환자를 맡거나 환자 불평으로 인해 자신감도 떨어질 때도 있었다. 의기소침해지면서 '과연 물리치료사의 길을 가는 게 맞나' 하며 신세 한탄과 자괴감에 빠지기까지 했다. 그 시기를 잘 넘기면 시간이 흘러 치료사로서 잘 일할 수 있지만 도중에 다른 길을 가게 될 수도 있다. 대학 때 동기 여덟 명과 같이 대학 생활을 했는데 그중 절반은 공무원이 되었고, 나머지는 물리치료사의 길을 걷고 있다. 모두 병원에 취업하자마자 다른 길을 간 건 아니다. 몇 년 정도 일하다가 진로를 바꿨다. 물리치료 전공을 한다고 물리치료사로 평생 살아가는 건 아니라는 뜻이다.

첫 취업지는 이직할 때도 영향을 꽤 미친다. 첫 취업에서 업무를 빨리 익혀 물리치료사로 일을 잘하는 것도 물론 중요하지만, 모든 건 원만한 인간관계를 바탕으로 이루어진다. 치료사와 환자, 치료사와 치료사, 치료사와 의사 등 병원 내

에서 만나는 모든 사람과 잘 지내도록 노력해야 한다. 제일
중요한 것은 인사다. 환자를 만날 때도 반갑게 웃으며 인사
하고, 동료 간에 얼굴을 익히는 게 중요하다. 출근 시간을
잘 지켜야 한다. 일하기 전에 여유 있게 도착해 치료복으로
갈아입고 일할 준비를 해야 한다. 매번 지각을 하는데 좋은
인상을 주기는 어려울 것이다. 더불어 선배에게 먼저 물어
보는 적극적인 태도가 있으면 좋다. 바쁜 와중에 후배를 일
일이 챙길 수 없으므로 먼저 다가오는 후배에게 더 눈길이
가고 잘 지내게 될 수밖에 없다.

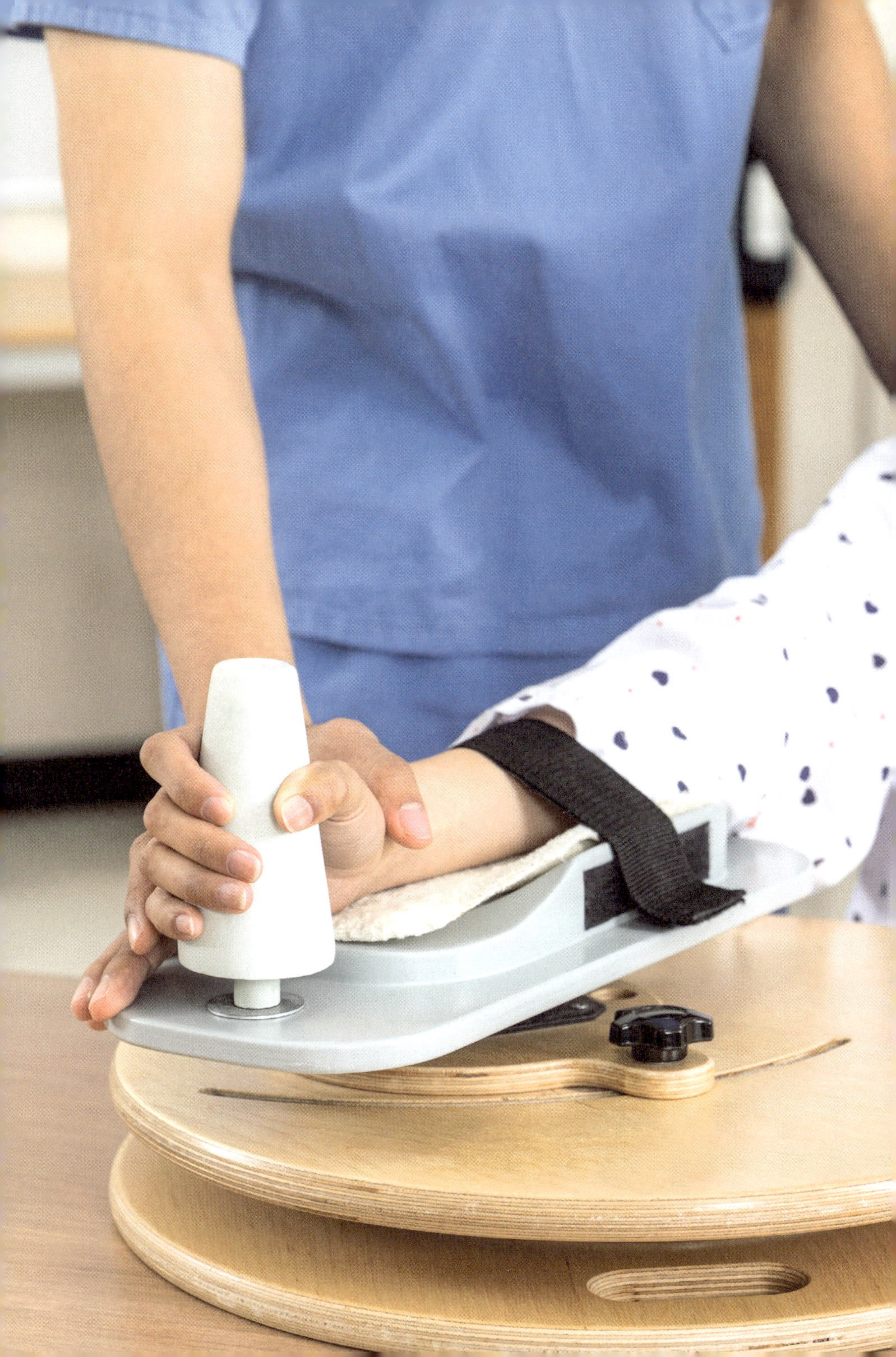

Q2
한 병원 내에서
여러 업무를 할 수 있나요?

명확하게 치료 업무를 한정해서 일을 시작했다면 한 가지 업무만 집중할 수 있다. 그러나 대부분 한 병원 내에서 여러 가지 일을 하는 경우가 많다. 큰 규모의 병원일수록 더욱 그렇다. 물리치료 부서는 열전기치료실, 도수치료실, 운동치료실을 기본 틀로 세부 부서도 나뉜다. 순환 근무를 통해 부서별 다양한 환자 사례를 치료한다.

스포츠재활 전문병원에서 근무할 때 열 명의 동기가 부서별로 배치되었다. 나를 포함해 두 명은 통증치료실, 두 명은 체외충격파치료실, 여섯 명은 운동치료실이었다. 통증치료실은 열전기치료와 도수치료를 병행했다. 핫팩, 냉팩, TENS, ICT, 초음파, 적외선 치료기, 고주파치료, 견인 치료기, 고압산소탱크 등 의료기기를 통해 환자를 치료했다. 환자 분담제로 도수치료를 했다. 아침에 일을 시작하면 점심때까지 정신없이 다양한 업무를 수행했다. 점심시간 후 퇴근 전까지도 마찬가지다. 한 부서 내에서도 여러 업무를 할 수 있다는 뜻이다.

나는 통증치료실에서 8개월 정도 근무하다가 운동치료실로 이동했다. 뇌졸중, 척수손상, 소아마비, 파킨슨병 등 신경계 질환 환자를 운동하는 일이었다. 때론 절단 환자 치료까지 다양한 환자를 운동치료 했다. 같은 환자를 맡고 있는 작업치료사와 소통하기도 했다. 운동치료실에서 4개월 근무하고 다시 통증치료실로 배치되어 일했다. 이후에는 체외충격파치료실에서 3개월간 근무했다. 그후 다시 통증치료실로 다시 돌아와 일했다. 병원 시스템상 저연 차 물리치료사는 일정 기간 업무를 익히기 위해 순환 근무제로 일하는 경우도 있고, 결원이 생기면서 이동하는 경우도 있다. 보통 부서 지원 의견을 묻기도 하지만, 이력서와 면접을 토대로 배정하고, 치료실 상황을 고려해 순환 배치한다.

스포츠재활 전문병원에서 만 3년 4개월을 일하면서 다양한 물리치료 업무를 했다. 환자 대상도 다양했다. 급성기, 아급성기, 만성기별 치료와 국가대표, 프로 및 아마추어 선수, 근골격계 질환자, 신경계 질환자 치료를 했다. 저연차 물리치료사로서 분야별, 치료 유형 별로 다양하게 압축적으로 일했다. 그래서인지 이후에 어떤 병원이나 환자를 만나도 치료할 수 있었다. 심지어 대학 전공 교재에서도 볼 수 없는 희귀한 사례도 경험했으니, 이보다 큰 자산이 없었다.

그 이후 일했던 도수치료 전문병원에서는 처음부터 도수치료만 하는 부서에 지원했다. 개인 치료실이 있었고, 근무

시간 중에는 도수치료 업무를 했다. 세 번째 병원에서는 물리치료실장으로서 도수치료, 운동치료, 열전기치료, 체외충격파치료를 병행했다.

한 병원에서 다양한 업무를 하면서 어떤 분야와 치료가 나에게 맞는지 찾아보는 것도 좋다. 매번 병원을 옮기는 것보다 더 효율적이기 때문이다. 내가 하고 싶었던 일보다 다른 업무를 하면서 관심과 진로를 더 깊이 있게 생각하고 선택하는 기회가 된다. 다양한 업무는 여러 환자 치료 경험을 통해 유연성과 시야를 넓혀준다. 그래서 후배들이 첫 병원을 선택할 때 제법 규모가 있는 여러 부서에서 다양한 업무를 할 수 있는 병원을 권하는 편이다.

Q3

허리 치료만
전문으로 맡을 수도 있나요?

요즘은 척추 전문, 무릎 전문, 어깨 전문병원처럼 특화된 곳
이 늘어나는 추세다. 하지만 척추 전문병원이라도 아직은
허리 치료만 전문으로 맡을 수 있는 건 아니다. 허리 외에도
골반, 고관절, 무릎, 어깨 등 다양한 환자가 내원한다. 허리
치료실이라는 부서가 있지 않은 한 허리 치료만 전문으로
하는 병원은 아직 보기 어렵다.

현실적으로 좋은 방법은 동료에게 허리 치료를 전문으로
물리치료사가 되고 싶다고 이해를 구하고, 더 많은 허리 환
자를 맡는 것이다. 나도 허리 치료를 전문으로 하고 싶어서,
주말에 학회에서 허리 교육을 수강하고 허리 환자를 더 많
이 볼 수 있도록 요청했다. 동료들은 흔쾌히 허리 환자가 왔
을 때 내게 배정을 해주었다.

나는 지금까지 허리 치료를 가장 많이 했고, 자신이 있다.
허리 환자를 많이 재활했다. 허리 주제로 책도 썼다. 만성적
으로 허리통증을 겪으며 고생했던 분 중에 내가 쓴 책을 읽
고 찾아오는 사례도 꽤 있었다. 허리 치료를 잘하기 위해서

는 신체적인 접근뿐만 아니라 심리, 영양, 환경, 습관 등을 고려해야 한다. 환자 치료할 때 생기는 변수와 원인은 다양하기 때문이다. 허리 전문 물리치료사로 활동하고, 일할 수 있는 여건을 만들어가는 건 가능하다. 하지만 허리뿐만 아니라 다른 다양한 부위와 사례의 치료를 잘해야 허리 치료를 더 잘할 수 있다. 인체는 기계 부품이 아니고, 서로 연결되어 영향을 미치기 때문이다.

물리치료사 중 다양한 환자를 치료하면서도 그 중에 자신만의 강점을 특화해서 활동하는 경우는 있다. 예를 들어, 허리 전문 물리치료사, 오십견 전문 물리치료사, 척추측만증 전문 물리치료사처럼 말이다. 병원에서는 특정 부위만 전문으로 맡기가 쉽지 않지만, 센터를 개업해 대표자로 일한다면 가능하다. 허리 전문 운동센터, 무릎 전문 운동센터, 측만증 전문 필라테스센터 등 한 부위를 특화해서 치료하는 센터는 늘어나는 편이다.

부서나 직급의 체계는
어떻게 되어 있나요?

물리치료부서는 병원 규모와 조직 문화에 따라 차이가 있다. 대형 병원일수록 부서는 세분화된다. 개인 의원인 경우 직급이 많지 않고, 대형 병원일수록 직급이 명확하게 구분된다. 물리치료부서는 물리치료실센터, 팀으로 나뉘는 편이다. 재활치료센터, 운동치료센터, 도수치료센터처럼 명명되기도 하지만 가장 일반적으로 사용하는 명칭은 물리치료실이다. 물리치료실은 물리치료 전체를 총괄하는 부서 개념이다. 물리치료실에서 팀 단위로 나뉜다. 도수치료팀, 통증치료팀, 척추교정팀, 운동치료팀 등 부서를 세분화한다. 때론 '팀'을 '실' 명칭으로 사용한다. 도수치료실, 통증치료실, 운동치료실처럼 말이다.

직급 또한 병원마다 차이가 있지만, 일반적으로 신입/일반 물리치료사, 주임/선임, 팀장파트장, 실장센터장으로 나눈다. 임상을 처음 경험하거나 3년 이내의 경력이 있는 경우라면 물리치료사 또는 사원으로 직책이 부여된다. 환자 치료와 치료실 정리 등 기본 업무를 수행한다. 경력이 3~5년 차 이상이라면 주임/선임 직책이 부여된다. 환자 치료를 하면

서 후배 물리치료사를 지도하고 일부 행정 업무를 수행한
다. 팀장파트장은 팀 관리 및 운영을 하며, 후배 물리치료사 교
육을 주로 담당한다. 실장센터장은 물리치료실 전체를 총괄하
고, 교육, 행정, 대외 업무까지 수행하는 경우가 많다. 이 외
에도 과장, 부장 등의 직책을 맡는다. 병원 조직과 특성에 맞
게 직책이 부여되는 까닭이다. 직책은 보통 연차와 비례하
지만, 병원 상황에 따라 저연차부터 활동하는 경우도 있다.

나는 첫 직장에서 혼자 물리치료실을 운영해서 신입이지
만 실장 직책을 받았다. 그 후 스포츠재활 전문병원에 입사
했을 때는 물리치료사 직책으로 일을 했다. 그다음 병원에
서는 5년 차에 도수치료팀장, 병원에서 마지막으로 일했을
때는 7년 차로 물리치료실장으로 일했다. 연차가 오를수록
치료에 대한 고민은 줄어들고 능숙해지지만, 후배 물리치
료사를 잘 이끌고 다양한 업무를 수행해야 한다. 직책이 오
르면 연봉도 오르기에 좋은 면도 있지만 그만큼 책임이 커
지고 할 일도 많아진다.

Q5

치료할 때 막히는 부분이 있으면
어떻게 하나요?

환자 증상이 가볍다면 빠르게 회복되지만, 치료는 변수가 많아 회복 정도를 정확히 알 수 없다. 그래서 환자 치료 때마다 고민이 된다. 계획대로 안 되고 치료가 막히는 경우도 흔하다. 치료가 막힐 때는 전공책과 논문을 찾아본다. 내가 맡은 환자를 다시 평가하고, 적절히 치료했는지 살펴야 한다. 저연차에는 이론상 알고 있는 내용이라도 숙련도가 낮고 기술이 부족해 어려움을 겪을 수 있다.

저연차 때는 치료가 막힐 때 스스로 고민하는 시간을 갖되 반드시 선배에게 묻는 것이 좋다. 선배 물리치료사는 먼저 시행착오를 겪었고, 다양한 경험을 했기 때문에 적절한 도움을 얻을 수 있다. 자신이 담당한 환자의 문제점, 평가 결과, 치료 적용을 상세히 말해야 한다. 환자 정보나 상황을 선배에게 물어야 원하는 해결책을 얻을 수 있다. 선배가 여유로울 때 눈치껏 묻는 센스도 필요하다. 물론 연차 차이가 많지 않은 물리치료사에게 물었을 때는 몰라서 답을 못 할 수도 있을 것이다. 한 해 먼저 일했지만, 아직 부족한 점이 있기 때문이다. 간혹 선배가 모르는 경우가 있어도 무시하면 안 된다. 다양한 사례의 환자가 있고, 의학적으로 접근해도 원인 불명인 경우도 있기 때문이다.

나는 3년 차까지도 후배의 질문에 답을 잘 못 했다. 나도 아직 갈 길이 먼데, 후배들은 어렵고 해결하기 힘든 질문을 했다. 그런 때는 아는 부분까지 설명하고, 모르는 부분은 모른다고 솔직하게 이야기했다. 모른다고 말하는 건 잠깐 부끄러운 일이지만, 모르는 걸 안다고 가르쳐 줄 수는 없는 노릇이었다. 나보다 더 연차가 높은 선배에게 같이 가서 물어보고 배우기도 하고, 그날 퇴근 후에 전공 교재와 논문을 살펴보고 후배와 다시 이야기하기도 했다.

저연차를 지나 고연차가 되더라도 치료가 막힐 때는 있다. 환자 치료를 전혀 몰라서가 아니라 생각보다 조절할 수 없는 변수가 많아서다. 예를 들어, 환자 증상이 심해서 치료를 적어도 일주일에 두 번은 해야 하는데, 환자가 드문드문 오면 치료가 쉽지 않다. 또는 신체적인 치료가 아닌 심리적인 문제나 내과적 원인으로 접근해야 할 때도 있다. 연차가 높아질수록 내가 할 수 있는 치료 영역인지 아닌지 명확하게 구분하는 능력도 필요하다.

일 년에 한두 번은 내가 치료할 수 없는 환자가 온다. 수술이 필요한 환자는 의사와 상의해서 검사를 권한다. 환자가 내 치료 스타일에 만족하지 못하면 치료가 막히는 경우도 있

I am a physical therapist

다. 그럴 때는 동료 치료사를 소개한다. 내가 환자에게 해줄 수 있는 영역과 범위 내에서 판별을 잘 해야 한다. 그래야 고통받는 환자의 쾌유를 위해 최선의 길을 선택할 수 있다.

물리치료사 직업 윤리

의사의 '히포크라테스 선서', 간호사의 '나이팅게일 선서'처럼 물리치료사도 직업윤리를 강조한 「10대 물리치료사 윤리」가 있다. 대한물리치료사협회에서는 물리치료사의 직업 헌신과 윤리의 핵심이 봉사, 끊임없는 노력, 산학연구 활동, 친절과 책무, 사명의식, 비밀유지, 비상업화, 친목도모, 헌신, 정보교류라고 이야기한다.

"물리치료사는 박애와 봉사정신을 바탕으로 인간의 생명과 건강을 보살핌으로써 국민보건 향상에 기여하고자 한다. 이에 우리 물리치료사는 아래 강령을 성실히 준수할 것을 엄숙히 서약한다."

① 민족, 지역, 인종, 종교, 성별 신분의 차별 없이 전 인류에게 봉사한다.
② 지역사회 주민의 건강 증진과 장애 예방을 위하여 항상 노력한다.
③ 환자에게 양질의 치료를 제공하기 위하여 산학연구 활동에 앞장선다.
④ 고통받는 환자와 아픔을 함께 나누며 친절과 정성으로 책무를 다한다.
⑤ 전문 직업인이라는 자긍심과 사명 의식을 갖고 타인의 귀감이 된다.
⑥ 직무상 알게 된 환자의 비밀을 임의로 타인에게 누설해서는 아니된다.
⑦ 그 개인의 권위나 이름이 상업적 광고에 이용됨을 허락하지 아니한다.
⑧ 동료 회원은 물론 타 유관 단체와도 친목을 도모하여 협회를 유지한다.
⑨ 회원공동체 바탕 위에 본회의 무궁한 번영과 발전을 위하여 헌신한다.
⑩ 물리의학 발전을 위하여 국제협력 아래 최신 기술 정보교류에 동참한다.

전문가로서 직업윤리는 더 강조된다. 지켜도 그만, 안 지켜도 그만이 아닌 자신이 할 수 있는 마음가짐과 태도이기 때문이다. 「10대 물리치료사 윤리」를 한 번씩 되새기며, 나 또한 임상에서 노력하는 물리치료사가 되길 희망해본다.

I am a physical therapist

Part 3 치료사 생활 고백

1 　물리치료사의 생각

I am a physical therapist

임상에서 경험이 늘어가는 만큼 많은 생각과 고민을 했다. 대학생 시절에도 직업과 진로에 대해 시시각각 마음이 바뀌었다. 임상에 신입으로 첫발을 내딛는 순간부터 어느 정도 능숙해진 지금까지 시기와 상황에 따라 물리치료사로 산다는 것에 대해 생각했다.

대학생 때는 전공 수업을 따라가기에도 벅찼다. 머리가 좋은 편이 아니라 복잡한 의학 용어와 원리를 다룬 전공 내용이 어렵게 다가왔다. 나는 고등학생 때 문과생이었는데 의료 보건과 자연과학을 배우는 대학 전공으로 진학하니 공부가 어려웠다. 다른 전공으로 다시 준비해 볼까 하는 생각도 했지만, 어느새 졸업이 다가왔다.

면허를 취득한 후 스포츠 분야에서 일하던 신입 때는 적은 월급을 보며 현실적인 고민을 했다. 일하고 공부하는 것은 좋지만 20대 중후반이 되면서 주머니 사정이 좋지 않았기 때문이다. 대학원도 병행해서 항상 바빴다. 그래도 열정이 있었기 때문에 잘 이겨낸 것이다. 주말에 밤을 새워서 공부를 하고 누우면 '무슨 영화를 누리려고 이러나' 하는 생각이 절로 들었다.

그런 일상을 보내다 보니 연차가 쌓였다. 5년 차에서 7년 차 사이에는 노력한 만큼 성과가 나왔다. 치료 실력도 일취월장했고, 경제적인 사정도 나아졌다. 고생 끝에 낙이 오는 느낌으로 8년 차에, 병원에서 독립해 그토록 바랐던 센터를 열었다. 체형교정과 재활 운동이 필요한 다양한 환자가 찾아왔다. 초반에 자리를 잡는데 고생했지만 이내 안정적으로 운영했다. 대학생 때 세운 목표를 달성하고 마음껏 일하니 힘든 줄도 모르고 즐거웠다.

13년 차가 되었을 때, 코로나19로 센터가 집합 금지 업종에 지정되면서 약간의 시련이 찾아왔다. 코로나가 유행하기 전 입학했던 대학원 박사 과정 공부에 더 집중하라는 의미로 받아들이고 일을 줄였다. 어떤 면에서는 자기계발과 연구를 더 할 수 있었으니 전화위복이었다. 그렇게 박사 과정을 잘 마칠 수 있었다.

이전에는 성장하는 것에 초점을 맞추며 살아왔는데, 15년 차 이후로는 도전하는 물리치료사가 되어야겠다고 생각하게 됐다. 그쯤 되면 환자 치료와 생활이 모두 안정되기 때문에 현실에 안주하기 쉬운데, 물리치료학 전공을 바탕으로 업무 영역을 확장하기를 바랐다. 그 후로도 3년이 지났고

여전히 물리치료사로 다양한 일을 하며 바쁘게 지내고 있
다. 대학 시절부터 지금까지 순간순간 여러 고민과 선택을
했다. 매번 최선의 선택과 행동으로 후회하지 않는 삶을 다
짐하며 오늘도 도전 중이다.

Q1
특히 기억에 남는
치료나 환자가 있나요?

3년 차 때 처음 소아 환자를 치료했다. 뇌성마비가 있는 네 살 환자였다. 하얗고 밝은 얼굴로 인사하는 아이는 몸을 제대로 가누지 못했다. 학부 병원 실습 때 소아 환자 관찰은 많이 해봤지만 직접 치료는 처음이었다. 소아 환자의 어머니는 아이가 유명 대학원병원 물리치료사 선생님께 치료를 오래 받았다고 설명했다. 경험이 별로 없어 보이는 나를 보고 걱정한 것이다. 물론 그럴 수 있다. 당시에는 나도 이 친구를 잘 치료할 수 있을까 걱정했으니 말이다. 그래도 최선을 다해 치료하고자 했다. 첫 치료에서는 아이의 성향과 신체 기능 상태를 평가했다. 선임 물리치료사에게 조언을 구하고, 전공책을 열심히 연구했다.

소아 환자와 두 번째 치료 시간이 되었다. 평가가 아닌 치료의 첫 시간이었다. 평가 결과를 통한 치료 계획, 선배들의 조언을 숙지하고 병원 실습 때 기억을 되살려 땀을 뻘뻘 흘리며 치료했다. 당시 치료실 내 유일한 소아 환자였기에 뻥 뚫린 치료 공간 속 모두의 이목이 집중됐다. 아이를 즐겁게 하면서도 도구를 이용해 운동시켰다. 아이는 낯설어하지 않고 잘 따라왔다. 순식간에 30분 치료 시간이 끝났다. 옆에서 팔짱 끼고 지켜보던 아이의 어머니가 고생했다고 인사했다.

이 아이를 치료하면서 경험이 부족한 환자의 사례를 더 열심히 공부하게 됐다. 그러면서 최선의 노력을 하면 도움이 필요한 사람에게 적절한 치료를 해 줄 수 있겠다는 마음이 생겼다. 아이와 친해지고 치료가 꽤 이어졌다. 그러다가 부서 이동을 하게 됐는데, 아이의 어머니는 그 상황을 서운해했다. 시간이 흘러 퇴사한 이후에도 전화로 안부 인사를 나눴다. 나에게 온 첫 소아 환자였고, 병원을 떠난 이후에도 연락을 주시며 기억해 주어 감사한 마음이었다.

10년 차 때는 초등학교 5학년생이 거북목과 굽은 등을 교정하기 위해 찾아왔다. 이 학생은 또래보다 키와 체격이 왜소했다. 몸집보다 큰 백팩과 캐리어를 끌고 등하교를 했다. 백팩과 캐리어가 자세 회복에 영향을 미치니 학교 사물함을 이용해서 가방은 가볍게 하고 다니길 권했다. 학생은 공부 때문에 짐을 가지고 다녀야 한다며 고민이 된다고 했다. 이 학생은 부모님이 맞벌이를 하셨고 엄마가 몸이 안 좋아서 집안일도 많이 도왔다. 학생이 처음 등록할 때 함께 왔던 엄마의 어두운 얼굴과 구부정한 자세가 생각났다. 학생은 점점 체형이 좋아지고 체력이 좋아질 때쯤 엄마도 치료를 받았으면 좋겠다고 내게 말했다.

학생이 엄마를 이끌고 왔다. 40대 중반 직장인으로 스트레스도 많고, 가만히 있어도 짜증이 날 정도로 목과 어깨, 허리에 통증이 있었다. 평가를 해보니 왼쪽에 근육이 짧아져 문제였고, 평소 왼쪽으로 몸통을 구부리는 동작이 많았다. 이런 경우 책상 위 모니터가 위에 있어서 왼쪽을 많이 바라보거나 동선이 왼쪽일 확률이 높다.

학생 어머니는 통증이 심해지면서 짜증을 자주 내게 됐다며, 이제 직장에서도 신경질을 잘 내는 사람으로 인식되었다고 말했다. 만성 환자는 통증이 있을 때마다 짜증으로 이어져 가족과 동료와 불편해지는 경우가 꽤 많다. 왼쪽 목과 어깨, 갈비뼈, 고관절 주위 근육을 늘리고 운동했다. 주 2회씩 6주 정도가 지나자, 통증이 거의 사라지고 몸이 가벼워졌다. 학생 어머니는 표정도 밝아지고, 회사에서도 짜증을 내지 않아서 오히려 동료들이 의아해한다고 전했다.

가장 좋아진 점은 학생 어머니의 건강이 회복되며 아이를 더 돌볼 수 있게 되었다는 것이다. 엄마도 아이도 몸이 많이 좋아져서 주말에 가족 여행을 다녔다. 몸이 아프면 집에 누워 아무것도 하고 싶지 않았는데, 치료 후 가족이 야외에서도 즐겁게 생활하는 생활로 바뀌었다. 가족 중 한 명이 오래 아프면 가족의 삶이 어두워지기도 한다. 모녀의 재활을 도우며, 활기찬 가족의 모습이 기억에 남는다.

나를 찾아온 분 중에 허리 통증으로 고생 중인 50대 중년 여성분이 있었다. 나중에 알고 보니 그 환자는 전문의였다. 의사도 재활을 이렇게 종종 찾아온다. 이분은 2회 정도 치료하고 좋아진 사례인데, 건강 유지를 위해 매주 1회씩 운동을 꾸준히 하고 있다. 자신이 몸이 좋아지고 건강을 지키는 직업인으로서 운동의 필요성을 느꼈다며 고마워했다.

전문의는 어느 날 미국에서 사는 언니가 한국에 잠깐 들어왔다며 건강관리를 위해 나를 소개했다. 언니는 자세가 많이 구부정했다. 책상 의자에 오래 앉아서 일하는 사무직 종사자였다. 한국에 있는 두 달 동안 운동을 배운 후 자세가 올곧게 변하며 만족해했다. 언니는 미국에도 이렇게 치료하는 곳이 많았으면 좋겠다고 말했다. 그 후로 80대 초반과 70대 중반의 부모님도 소개받았다. 아버지는 걸음걸이가 좋지 않고, 낙상을 여러 번 경험했다. 어머니는 허리와 무릎이 불편했다. 두 분을 재활하면서 아버지는 잘 걷고, 어머니도 일상생활에 지장이 없을 정도로 회복이 되었다. 부모님 모두 만족해했다. 그렇게 전문의 가족의 재활을 도왔다.

이 환자의 사례가 특히 기억에 남는 이유는 의사의 생각이 바뀌었다는 점이다. 이분은 물리치료 처방을 내는 전공과는 아니었다. 다 그렇지는 않지만, 의사 중에 물리치료의 효과를 믿지 못하거나 의아해하는 사람도 가끔 있다. 물리치료 처방을 내지만 그 효과가 주관적인 경우가 많고, 약이나 주사 등의 보존적 치료를 병행하여 좋아지는 사례가 많기 때문이다. 약이나 주사를 처방하지 않았음에도 단 몇 번의 치료만으로 자신과 부모, 형제가 좋아지는 걸 보면서 물리치료에 대해 신뢰감을 가졌다.

지금까지 치료하며 재활을 도왔던 사람 중 직업이 의사인 환자가 꽤 있었다. 몸이 좋아진 후 내 직업과 업무에 대해 긍정적으로 볼 때 일의 기쁨이 크다. 누군가 내 직업과 일을 귀중하고 사회에 꼭 필요한 일이라고 인정할 때 물리치료사로서 더할 나위 없는 만족감을 느낀다.

가장 보람을 느꼈던 건
언제인가요?

지금까지 국가대표, 프로 및 아마추어 선수와 연예인의 재활을 도왔다. 유명인 치료도 기억에 남지만 그중에서도 보람을 느낀 순간이라 하면 무릎 연골 수술을 한 40대 후반 여성이 생각난다. 이분은 수술을 했음에도 무릎 통증이 계속 있었다. 수술 후에도 낫지 않아 뛰는 것을 포기할 생각을 하며 고생하는 분이었다.

일상생활이 불편하고 수술 후에도 나아지지 않다 보니 불평이 이만저만 아니었다. 물리치료를 받으러 와서도 과연 좋아질 수 있을지 반신반의했다. 주 2회씩 재활을 진행하면서 통증도 줄고 기능도 좋아졌다. 순조롭게 재활 과정은 진행되었다. 재활 시작 4개월 무렵 발을 떼고 뛰는 동작을 훈련할 무렵 두려움으로 인해 힘들어했다. 시간을 두고 인내하며 발을 떼고 조깅을 해서 결국 재활을 잘 마무리했다.

마지막 치료 시간에 환자는 본인 아들이 물리치료학과 학생임을 알렸다. 재활하면서 물리치료에 대한 인식이 긍정적으로 바뀌어 아들을 더 응원하게 됐다고 말했다. 누군가 물리치료 전공과 물리치료사를 긍정적으로 바라볼 때 보람을 가장 느낀다. 종종 고등학생 자녀를 둔 부모 중 물리치료사에 대해 궁금해하며 이런저런 질문을 하는 경우도 있다. 물리치료사가 이렇게 좋은 일을 하니 자녀에게 전공 진학을 추천하고 싶다는 것이다. 물리치료사에 대해 관심을 갖고 자녀에게 권하니 감사하고 보람을 느낀다.

그렇다고 이 일에 관심을 갖는 사람에게 꼭 이 직업을 권하는 건 아니다. 한 번은 스포츠의학과를 졸업하고 트레이너로 일하고 있던 20대 후반 남성이 찾아왔다. 다짜고짜 들어와서 죄송하지만 진로 상담을 해달라는 거였다. 마침 쉬는 시간이어서 자초지종을 들었다. 스포츠의학 전공으로 대학원 석사 과정을 진학할지, 물리치료학과에 편입학을 할지 고민이라고 말했다. 그런데 고민하는 남성의 목표를 들어보니 굳이 물리치료학과로 진학하지 않아도 되는 사례였다. 대학원 진학을 권했다.

때로는 물리치료학과에 진학하고 싶어 하는 사람의 이야길 들으며 목표가 무엇인지를 물어본다. 목표가 물리치료사가 되지 않아도 할 수 있거나 다름에도 진학을 고민하는 경우 권하지 않는다. 물리치료사 후배가 한 명 더 생기면 좋겠지만 중요한 건 자신의 인생 진로에 대해 진지하게 고민하고 시행착오를 줄이는 선택을 해야 한다. 자신이 재밌고 꾸준히 할 수 있는 진로를 찾길 권한다.

Q3
제일 힘든 치료는
어떤 경우인가요?

대학생 시절, 유명 국가대표 선수를 재활하는 병원에서 오래 근무했던 교수님 말씀이 생각난다. 환자 치료 성공률이 야구 3할 타율 대처럼 나오면 치료 잘하는 치료사라는 말이었다. 임상 경력이 쌓일수록 그때 교수님의 말씀이 공감된다. 물리치료사라면 누구나 한두 번 치료해서 씻은 듯이 낫게 하는 치료사를 꿈꾼다. 나 또한 그랬고, 지금도 마음 한편엔 그렇다.

하지만 임상 현장에서 환자를 치료하면 워낙 증상이 심하거나 만성이어서 오랜 시간 치료가 걸리는 경우가 대부분이다. 오히려 해줄 수 있는 게 없는 환자도 있다. 치료사로서 환자 치료에 도움이 되지 않을 때 힘들다. 병원에서 이런저런 치료를 다 받았음에도 낫지 못해서 지인 소개로 물리치료를 받으러 오는 분도 많다. 지인 소개이니 기대를 갖고 찾아온다. 원인을 찾으면 시간이 걸리더라도 좋아지는 경우가 꽤 있다. 반대로 회복이 되지 않아 실망하고 돌아가는 경우도 가끔 있다.

환자는 치료를 받기만 하면 좋아질 거라는 생각으로 찾아온다. 치료사로서 빠르게 회복시키고 싶지만, 시간이 걸리는 걸 환자가 기다리지 못하거나 실제로 회복이 더딜 때 힘들다. 저연차 때는 의욕이 넘쳤기에 치료하면 환자가 기계 부품 수리처럼 나을 줄 알았다. 하지만 인체는 간단치 않다. 변수의 연속이기 때문이다. 일주일에 치료 시간은 많으면 주 3회 치료하면 3시간이다. 나머지 시간에는 일과 생활을 하기 때문에 변수가 생긴다. 반복적인 업무와 나쁜 생활 습관에 노출되면 회복이 더디다. 만성이거나 재발하는 환자의 경우 몸이 회복하는 데 시간이 걸릴 수 있음을 알려준다.

치료사는 환자보다 먼저 포기하지 않아야 한다. 환자가 지치지 않게 격려하고 잘 이끌며 재활을 도와야 한다. 그래서 어느 순간 치료를 한다는 표현보다 재활을 돕는다는 표현을 쓰고 있다. 환자에게 적절한 여러 치료 방법을 통해 자연 치유력을 높이고 일상생활에 불편함 없이 적응을 돕는다는 의미다. 치료사는 환자가 잘 낫지 않을 때, 오랜 시간 괴롭거나 힘들어할 때 함께 힘들다.

I am a physical therapist

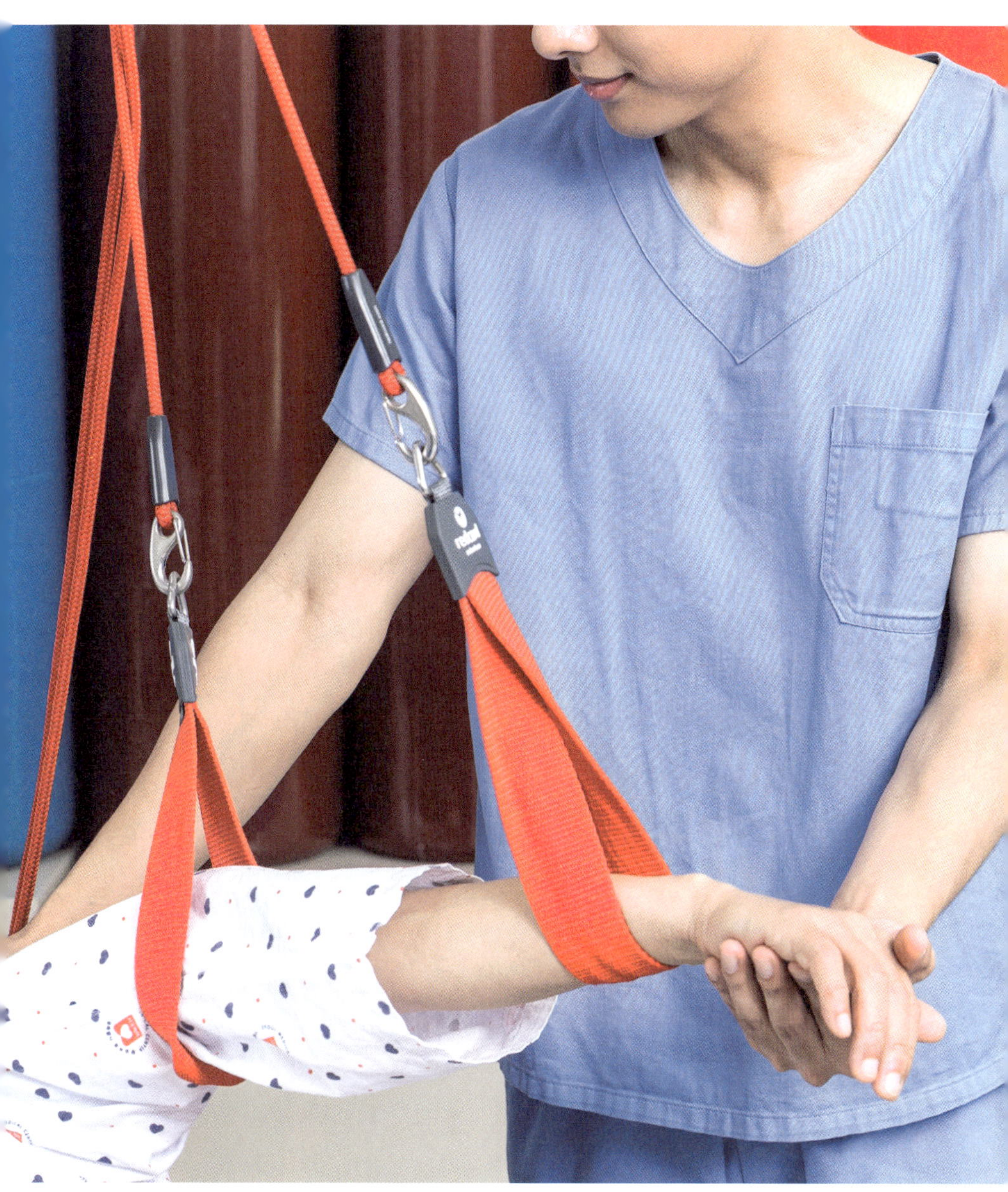

Q4
물리치료사가 된 걸
후회한 적이 있나요?

농담 반 진담 반, 물리치료사가 되고 나서 후회한 적은 셀수 없이 많다. 직업에 대한 고민이 계속되기 때문이다. 현실적인 문제라기보다 '과연 내가 이 일을 잘하고 있나' 하는 의미에서 고민이다.

면허를 취득하던 해, 취업 전에 학교 선배 병원에서 아르바이트를 했다. 선배 치료를 보조하는 일이므로 단순 업무였다. 선배는 물리치료사가 큰 돈은 못 벌어도 안정적이고 보람찬 직업이라고 말했다. 당시 나는 어떤 분야의 직업이든 열심히 잘 노력해서 장인이 되면 큰돈도 벌고 잘 살 수 있다고 생각했다. 그래서 어느 정도 미래가 정해져 있다는 말에 자존심이 상했다. 어린 마음에 취업하기도 전에 물리치료사가 된 걸 후회했다.

사회초년생 때는 누군가가 직업에 대한 한계선을 그을 때 직업 선택에 후회가 됐다. 그때는 정보도 많지 않았고 선배들의 말이 가장 현실적인 정보이기 때문이다. 후회라는 표현도 맞지만, 진로 고민으로 흔들리는 모습에 자괴감을 느껐다는 표현이 더 맞을 듯하다. 4년 차가 되고 연봉 협상을 할 때였다. 나는 나름대로 병원에 기여했다고 생각했고, 연봉 인상에 대한 기대가 있었다. 연봉 협상 담당자는 노력 여하와 관계없이 연봉 상한선에 맞춰서 올려 줄 수밖에 없다며 선을 그었다. 만약 더 받고 싶으면 다른 병원에 가는 것도 현실적으로 고려해 보라고 말했다. 그때도 실망스러웠다. 누군가 물리치료사의 한계선을 정해놓은 현실에 대한 불만이었다. 바로 사직서를 내고 그만두었다. 그리고 3개월 후 연봉을 두 배 올려 새로운 병원에 취업했다. 일한 만큼 벌 수 있는 인센티브 구조의 병원이었기 때문이다.

7년 차가 넘어가자 후회할 일이 거의 없었다. 일에 대한 만족감과 목표가 명확해서 흔들림이 없었다. 흔들리지 않는 가지란 물론 없겠지만 뿌리를 단단히 내리고 나무 기둥을 두껍고 강하게 만들기 위해 노력했다. 실력이 부족해 환자 치료가 잘 안되면 힘들기도 했다. 하지만 직업을 부정하거나 다른 분야의 직업을 선택해야 하는지에 대한 후회는 없었다.

Q5
물리치료사로 N job을 할 수 있나요?

평생직장을 외치는 시대가 가고 '평생직업'을 이야기한 지 얼마 되지 않았다. 이제는 이런 말도 무색할 만큼 많은 직업이 사라지고 생겨난다. 급격하게 변화하는 현대 사회에서는 N job이 필수로 보여 질 정도다.

물리치료사는 병원에서 겸업 금지 조항이 포함된 계약을 한 경우를 제외하고 N job이 가능하다. 예외적인 사례로 사전에 사업자와 협의해 다른 일을 할 수 있다. 예를 들어, 병원에 일하면서 외부 강의 요청이 들어오는 경우 공문을 통해 이해를 구하고 허락을 구한다. 병원에서도 업무에 지장을 상당히 초래하는 경우를 제외하고 양해를 구한다면 겸업을 어느 정도 허용하는 편이다. 기본적으로 사전에 협의하지 않고 겸업하는 경우는 피해야 한다. 일부 물리치료사는 퇴근 후나 주말에 다른 일을 하면서 본업에 소홀해지기도 한다. 그런 경우 사업자 입장에서 반가울 수 없다.

물리치료사가 본업 외에 할 수 있는 일은 꽤 다양하다. 나는 대학이나 기업, 공공기관에서 강연 요청이 오면 주기적으로 외부 강의를 하러 간다. 기업이나 신문에서 발행하는 칼럼란에 건강 관련 글을 올리기도 한다. 방송이나 유튜브 출연 요청이 오면 촬영에 나서기도 한다. 출판사에서 책 출간 제안을 받으면 저자로서도 활동한다. 이 모든 활동이 계약서를 쓰고, 활동하니 겸업에 해당한다. 5년 전까지만 하더라도 본업 외에 다른 일을 하는 경우는 거의 없었다. 고연차가 되어 협회, 학회에서 전공인 교육하는 게 대부분이었는데, 요즘에는 본업 외에 다른 다양한 일을 하는 물리치료사 늘어나고 있다. 지인 물리치료사 중에는 유튜버 활동과 쇼핑몰 운영을 병행하는 사람도 있다.

요즘은 '건강 수명'의 중요성이 커졌다. 그래서 많은 사람이 건강관리와 예방의 중요성을 인식하고 있다. 물리치료사는 건강관리 및 예방 전문가로서 다양한 업무를 수행할 수 있는 좋은 전공을 가지고 있다. 물리치료사의 N job이 필수는 아니지만, N job 할 수 있는 경우와 어떤 일을 할 수 있는지에 대한 준비도 필요해 보인다.

2   물리치료사의 현실

물리치료사로 산다는 건 고통받는 환자를 돕는 일이다. 사회에 도움이 되는 뜻깊은 직업이라고 할 수 있다. 환자가 나아 고맙다는 인사를 전해오면 힘들었던 순간이 잊힐 만큼 보람을 느낀다. 모든 직업이 그렇듯 장점 뒤에는 단점도 있기 마련이다. 모든 것이 안정적인 장밋빛 인생이라고 말하고 싶지는 않다.

저연차 때는 지식도 부족하고 요령이 없어 몸이 힘들었다. 몸은 바쁘게 움직이고 일해서 피곤한데 정작 잘하고 있는 건지 확신이 없었다. 시간이 흘러 같은 동작을 수백 번, 수천 번 이상 반복하며 깨달았다. 숙달되다 보니 요령도 생기고 힘이 덜 든다는 사실이다. 물리치료사가 전문가로 인정받기 위해서는 치료 실력이 쌓여야 하므로 단기간에 이루어지지 않는다. 환자 사례도 많이 봐야 하고, 공부도 해야 하므로 초반에는 피곤한 날이 이어진다.

보통 5년 차 이후로 진로가 달라진다. 선호하는 분야가 명확해지고 더 집중하게 된다. 신경계 물리치료사, 근골격계 물리치료사, 스포츠 물리치료사 등 분야에 따라 전문성이 달라진다. 그런데 스포츠 물리치료사 중에도 종목별로 또 세부적으로 전문성이 나뉜다. 그렇게 연차가 오를수록 자신의 전문 분야를 찾아간다. 자신만의 일하는 방식, 환자를 대하는 태도, 경제적인 부분도 점차 나아진다. 그럼에도 직업병, 스트레스, 자기계발 등은 이어진다. 직업인의 숙명과도 같은 것들을 얼마만큼 잘 유연하게 관리하는지 따라 업무 만족도와 수명이 늘어날 것이다.

Q1
평소 업무 강도는
어느 정도인가요?

업무 강도는 때마다 달라진다. 환자가 막 몰려올 때면 출근하자마자 정신없이 일한다. 그 후 점심을 먹고 오후 일과를 다시 시작한다. 그러다 보면 어느새 퇴근 시간이 된다. 환자 대기가 늘어나고 원래 정해진 퇴근 시간보다 늦어진 적도 있다. 눈, 비가 많이 오거나 휴가철에는 그 많던 환자가 줄어든다. 한가하게 차를 마시며 보내기도 한다.

물리치료사 업무 자체는 핫팩을 반복적으로 옮기거나 도수치료, 운동치료 등 몸을 사용하는 일도 많아서 신체적으로 힘들 수 있다. 누적된 상태로 기준으로 보면 중고강도에 해당하는 업무 강도다. 20kg 이상 제품을 나르거나 그렇진 않지만, 반복적으로 치료하면서 피로가 쌓이는 것이다. 업무 강도도 개인차가 있어서 단정적으로 이야기할 순 없지만 업무 강도가 약하다고 말할 순 없다.

성인 몸무게가 50~80kg대라면 도수치료나 운동치료를 할 때 물리치료사가 힘을 써야 한다. 환자를 매번 무겁게 옮기는 건 아니지만 보조를 하거나 저항을 줘야 할 때가 있어서

자칫 부상을 당할 수 있다. 처음에 요령 없이 일하다가 직업
병이 생기기 일쑤다.

물리치료사는 반드시 운동에 취미가 있어야 한다. 체력 강
화와 건강 유지를 위해서다. 평소 운동을 즐기는 물리치료
사는 업무 강도를 덜 힘들게 느낀다. 나 또한 걷기, 달리기,
등산 등을 주기적으로 했을 때 일이 힘들게 느껴지지 않았
다. 오히려 사무 업무가 많아지면서 운동에 손을 놓았을 때
일이 힘들게 느꼈다.

일할 때 힘을 쓰니까 체력이 좋아지기도 하지 않느냐는 질
문을 하는 환자가 꽤 있다. 운동과 노동은 별개의 개념이다.
신체활동 중 작업 신체활동, 여가 신체활동, 이동 신체활동
으로 나눈다. 작업 신체활동은 노동에 해당한다. 우리가 흔
히 아는 운동은 여가 신체활동이다. 운동은 계획적, 구조적,
반복적으로 하는 신체활동이다. 따라서 평소 운동을 통해
업무 강도를 낮게 느끼도록 노력해 보자.

Q2
취업 후에도 계속
공부를 해야 하나요?

물리치료사는 취업 후에 더 공부해야 한다. 평생 공부가 필요한 직업이다. 학부 시절 물리치료사 면허 시험을 위해 공부를 많이 했는데 취업한 뒤에도 더 공부해야 한다는 사실을 힘들게 느끼는 신입 물리치료사도 많이 있다. 나 또한 그랬다. 사실 학교에서 배운 공부만으로도 기초지식을 쌓기는 충분하다. 하지만 실제 환자를 치료하기 위해서는 응용해야 하는 경우가 더 많다. 예를 들어, 오십견 환자를 치료하는데 전공 교재에 공부한 대로 증상이나 예후가 진행되지 않는다면 어떨까? 어깨가 안 올라가고 팔까지 저리면 목을 함께 살펴야 할 수도 있다. 하나의 질환으로 병원을 찾는 경우는 드물기 때문이다.

질환에 대해 이해는 하되 통증 감소와 기능을 향상하기 위해서 평가가 꼭 필요하다. 치료적 기술도 능숙해야 한다. 평가와 치료 기술을 숙련하려면 병원 내 스터디와 학회 교육을 통해 실력을 갈고닦아야 한다. 공부할수록 부족함을 느껴 대학원을 진학해 연구하게 된다.

의학은 새로운 이론과 연구 결과가 계속 쏟아져 나온다. 예
전에 효과가 좋았다고 알려진 운동도 시간이 흘러 효과가
미미하다는 결론으로 바뀌기도 한다. 최신 치료를 살피고
익혀야 해서 공부를 계속할 수밖에 없다. 물론 어느 정도 공
부하면 환자를 치료하기에 큰 어려움은 없다. 적정하게 적
용해도 환자 회복과 만족감을 올릴 수 있다. 치료적인 전공
내용도 공부해야 하지만 사람을 만나는 의료보건 서비스
직으로 전공 외 공부도 필요하다.

전공책과 논문, 뉴스와 다양한 분야의 책을 읽으며 시야를
넓히는 게 필요하다. 책만으로 공부하는 게 아니라 여러 가
지 활동과 경험을 하는 것도 공부라고 할 수 있다. 예를 들
어, 스포츠 선수를 치료하는 물리치료사라면 스포츠 종목
경기 진행과 규칙, 기술도 알아야 한다. 그래야 선수를 이해
하고 재활과 트레이닝을 할 수 있다. 선수가 말하는 경기 용
어를 모르면 물리치료사에 대한 신뢰가 떨어진다. 물리치
료사가 직접 스포츠를 해보면 왜 잘 안되는지, 잘되게 하려
면 어떻게 해야 할지 궁리하게 된다. 스포츠를 해보면서 전
공과 연결하는 부분까지 공부가 필요한 순간이다.

그렇다고 공부에 대해 너무 부담을 가질 필요는 없다. 고시
공부하듯 파고드는 게 아니다. 병원에서 환자에게 도움을
줄 수 있을 만큼 조금씩 쌓아나가면 된다. 단기간에 공부를
몰아서 한다고 치료 실력이 쌓이지 않는다. 좋아하는 말 중

'느리지만 꾸준히'를 공부에도 적용한다. 조금씩이라도 지치지 않고 계속하다 보면 실력은 쌓인다. 오히려 그게 물리치료사의 최적화된 공부 방법일지 모른다.

Q3

물리치료사가 겪는
직업병은 무엇인가요?

물리치료사는 아파서 누워 있는 환자를 운동하거나 보조하는 동작이 있어서 흔히 허리, 어깨, 팔꿈치, 손목 등 근골격계 질환을 호소한다. 환자를 치료하다 아프면 점점 치료할 때 소극적으로 변하게 된다. 환자를 치료하고 움직일 때마다 아프니 내색은 할 수 없지만 몸에서는 아우성을 친다. 모든 직업에 직업병이 있다. 직업마다 반복적인 동작과 자세가 있기 때문이다. 치료를 업으로 하는 물리치료사는 자기 몸에 통증을 느낄 때마다 환자가 하는 일이 몸에 어떤 영향을 미치는지도 같이 보게 된다.

증상이 심한 환자는 보통 누워서 치료를 받는다. 물리치료사는 베드에 누워 있는 환자를 위해 허리를 숙이면서 치료한다. 허리를 숙인다고 곧장 아프진 않는다. 허리를 숙이고 환자 운동 시 저항을 주면서 누적되어 문제가 된다. 허리디스크라 불리는 추간판탈출증은 허리를 숙이거나 숙인 상태에서 비틀 때, 디스크 내 압력이 높아진다. 환자 자세를 변경할 때 과도하게 힘을 주는 경우도 허리 근육, 인대를 삐끗하거나 탈이 나게 된다. 드물지만 종종 허리 시술 또는 수술을 하는 물리치료사도 있다. 무릎과 고관절을 구부려 무게 중심을 낮게 해서 허리를 보호해야 한다.

치료사는 팔을 많이 사용한다. 특히 도수치료는 손과 손목, 팔꿈치, 어깨로 이어지는 상지를 많이 사용한다. 손가락, 손목 관절 퇴행성관절염, 팔꿈치 내·외측상과염, 회전근개염, 어깨충돌증후군 등이 생기기도 한다. 대부분 치료사는 만성적인 문제가 되기 전에 자가 치료로 몸 관리를 하는 편이다. 급성으로 삐끗하는 경우는 금방 회복된다.

저연차 때 한 동기는 핫팩 통에서 핫팩을 3~4개씩 꺼내곤했다. 물을 머금은 핫팩은 손목과 어깨에 무리가 되었다. 동기는 쉬는 시간에 자신의 어깨를 두드리며 '치료사가 골병난다'라고 말했다. 나는 도수치료를 주로 했기에 손가락을 무리하게 쓸 때 손가락 마디마디가 아팠다. 퇴행성관절염이라고 볼 순 없었지만, 통증이 있었다. 나중에 내 몸을 쓰는 것에 요령이 생기고 역학적인 자세로 치료하니 더 이상손가락이 아프지 않았다.

물리치료사는 환자를 치료하며 자세 조절을 위해 보조하거나 운동 시 저항을 줘야 한다. 어쩔 수 없는 업무 형태지만 몸이 아프다면 환자를 무리하게 치료하지 말고 건수를 줄여야 한다. 치료사 자신이 몸이 건강해야 좋은 컨디션으로 환자를 돌볼 수 있다.

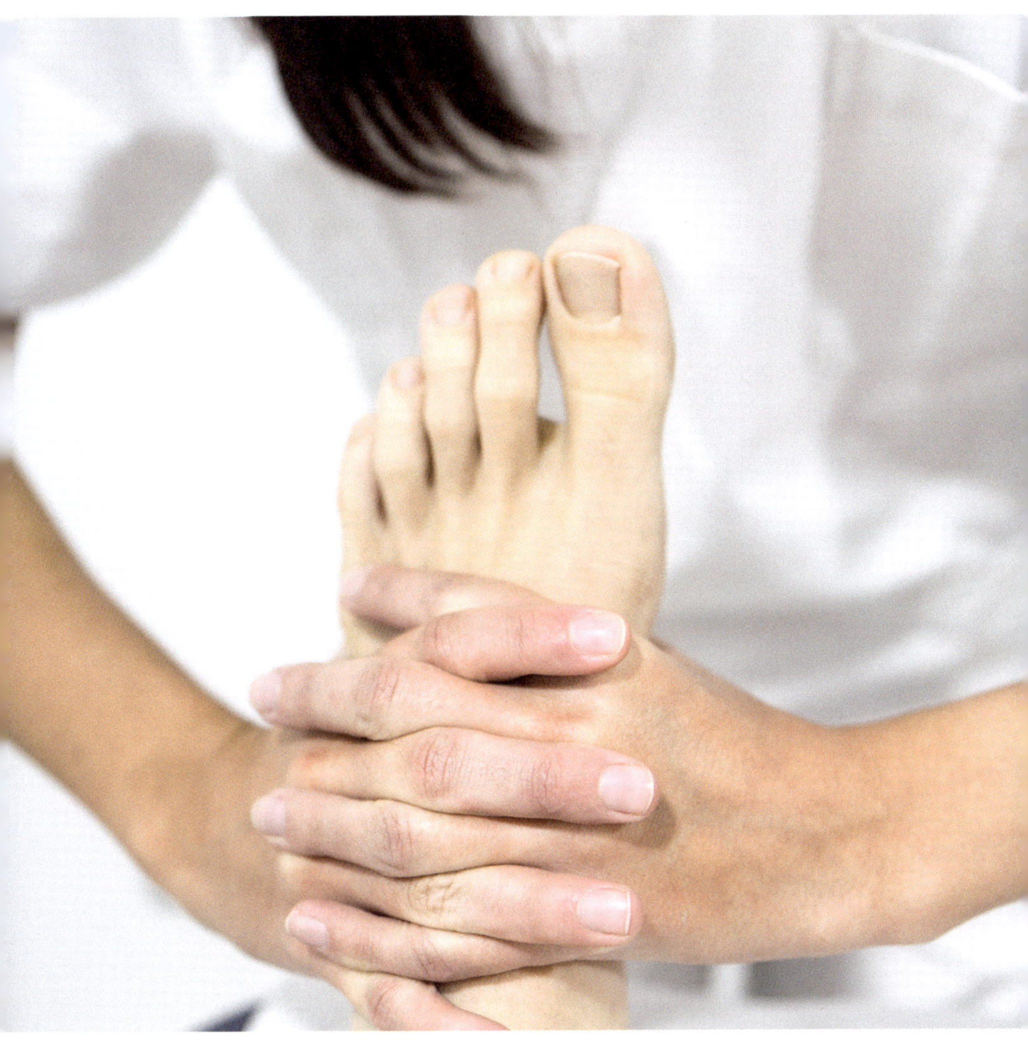

Q4
일하면서 받는 스트레스는
어떻게 해소하나요?

나는 일하는 걸 좋아한다. 남들이 봤을 때 일 중독자가 아닐까 싶을 정도로 일한다. 체력이 버티는 선에서 하기 때문에 개인적으로는 괜찮다. 하지만 환자 치료가 안 되거나 업무적으로 스트레스가 쌓일 때가 있다. 그럴 때마다 보통 휴식과 운동, 글쓰기를 통해 스트레스를 해소한다.

일주일 중 하루는 온전히 휴식을 취한다. 평일에는 아침부터 밤까지 일하는 루틴을 가져가지만, 주말은 생활패턴이 다르다. 부족한 잠을 주말에 조금 더 자면 몸이 개운해진다. 오전 내내 늘어지게 잠을 자며 신체적 피로를 줄인다. 몸이 가벼워지면 스트레스도 줄어든다. 부족한 수면은 스트레스와 상관관계가 있기에 수면량에 신경 쓴다. 교외로 나가 맛있는 걸 먹거나 탁 트인 자연환경을 멍하니 바라보고 있기도 한다. 머리를 비우고 최대한 휴식을 취하며 재충전한다.

저연차 때는 평일 밤늦게 걷기가 취미였다. 한두 시간 정도 걸으며 이런저런 생각을 한다. 빠르게 걷기도 하고 느리게 걷기도 한다. 땀도 살짝 흘리며 체력을 키운다. 걷다보면 생각도 정리되고 스트레스가 줄어든다. 최근에는 낮에 공원을 걷는다. 멜라토닌 생성과 비타민D 합성을 위해 햇볕을 쬐면서 느릿하게 걷는다. 걷고 나면 기분이 좋아진다.

달리기도 건강 유지와 스트레스 관리에 효과적이다. 달리면서 풍경을 구경하다 보면 스트레스라고 생각됐던 일이 희미해진다. 나는 혼자서도 달리지만 동료들과 한 달에 한 번 모여서 달리기도 한다. 함께 달린 후 밥이나 차를 마시고 근황과 고민을 서로 털어놓으며 기분 전환을 한다. 이 외에도 등산이나 저항운동으로 팔 굽혀 펴기, 플랭크, 스쿼트 등을 통해 스트레스를 관리한다.

글을 쓰기도 한다. 하룻동안 일어난 일을 정리하거나 건강에 관련된 원고를 쓰는 것이다. 글을 쓰려면 집중해야 한다. 집중하다 보면 잡념 또는 스트레스를 생각할 시간이 없다. 어떤 때는 머릿속 생각보다 손이 더 빨리 움직여 글이 쌓인다. 이렇게 생각을 정리하고 스트레스도 정리한다.

가끔 친구나 지인과 만나 가볍게 음주하며 스트레스를 풀기도 한다. 술 한잔하면서 이런저런 이야기를 하다 보면 기분이 좋아진다. 스트레스가 있을 때는 대화를 주고받는 것만으로 도움이 된다. 대신 과음은 피하려고 한다. 과음하면 건강도 그렇지만 다른 스트레스가 생긴다. 뭐든 적당히 중용을 지키는 삶이 좋다.

물리치료사와 환자

I am a physical therapist

당연하게도 존재 이유는 환자이다. 환자가 없다면 어떻게 치료할 것인가. 물리치료사는 환자에게 도움을 주지만, 환자도 물리치료사에게 도움을 준다. 환자를 치료하다 보면 이론과 다른 임상을 마주하게 된다. 이론 공부만으로는 실력이 쌓이지 않는다. 환자가 있기에 물리치료사의 실력도 쌓인다.

병원에서 가장 많이 만나는 사람 역시 환자다. 동료들도 매일 마주 하지만, 일하면서 쏟는 노력은 환자를 치료하기 위해서다. 환자가 들어오는 순간 치료는 시작된다. 표정, 자세, 걸음걸이 등 미묘한 변화를 알아내기 위한 관찰이 시작된다. 치료를 잘하기 위해 평가와 치료 기술이 필요하지만 이보다 더 중요한 건 환자의 마음을 읽는 것이다. 치료사가 치료를 위해 판단하는 의사결정 과정 중 환자의 니즈 파악이 우선돼야 한다. 물리치료사가 환자를 계획대로 치료하는 건 환상 속 그림일 때가 더 많다. 치료사의 마음처럼 치료 과정이 일어나지 않는다. 환자의 의지와 노력이 동반되어야 한다. 환자의 마음을 읽고 의지를 북돋고 좋아지기 위한 노력이 있을 때 치료가 잘 된다. 그렇기에 환자와 의사소통을 잘하고 동반자의 마음으로 치료에 임해야 한다.

내가 열심히 잘 살기 위해서 노력했던 이유도 환자였다. 하루의 가장 많은 시간을 보내는 일터에서 다양한 환자를 만난다. 치료를 통해 환자의 어두운 표정을 편안하고 밝게 만드는 일에 보람을 느꼈다. 그래서 치료를 항상 더 잘하고 싶다. 치료를 더 잘 하게 해달라며 기도하기도 했다. 무수한 공부와 연습은 간절한 마음에서 나왔다. 교과서적인 치료를 떠나 다양한 요인을 분석하고 치료에 접목했다. 나를 먹고 살게 해 주는 것도 환자가 아닌가. 지금까지 물리치료사로 자부심을 가지고 일하게 해 준 고마운 존재이다.

삶이 그냥 흘러가는 것 같지만 자주 만나는 사람에 의해 영향을 받고 달라지기도 한다. 물론 환자로 인해 힘든 적도 있었지만, 좋은 환자를 더 많이 만났다. 환자와 함께 희로애락을 느꼈다. 인생의 선후배로서도 삶의 의미나 교훈을 배웠다. 각 분야의 전문가를 만나서 때로는 도움을 받기도 했다. 오늘도 나는 자주 오는 환자와 새로운 환자를 치료한다. 그러면서 나도 배우고 성장한다. 환자를 어떻게 바라보고 대하는가에 따라 치료사의 삶은 더 귀해지기도 즐거워지기도 한다고 믿는다.

Q1
환자 한 사람당
치료는 몇 분 동안 하나요?

환자에 따라 치료 시간이 달라진다. 병원 또는 센터 근무 여건마다 차이가 난다. 현재는 한 사람당 60분 치료를 한다. 치료하다 보면 60분을 훌쩍 넘는 경우도 있다. 처음 환자가 왔을 때 10~20분 정도 상담과 평가를 한다. 첫 상담과 평가가 중요하다. 환자는 상담하면서 많은 정보를 알려준다. 평가로 알 수 없는 몸에 영향을 미치는 원인 중 상담을 통해 파악할 때가 많다. 특히 평소 자세나 업무 형태, 식습관, 수면 습관, 취미, 운동 여부 등 생활 습관을 알아야 한다. 상담 후 필요한 평가를 한다. 각종 테스트를 통해 아픈 부위에 영향을 미치는 신체적 원인을 좁힌다.

나머지 시간은 상담과 평가를 토대로 계획한 치료를 수행한다. 증상이나 발병 시기는 치료 프로그램에 영향을 미친다. 치료할 때는 환자 성향도 중요하다. 환자가 평소 운동을 자주 하거나 적극적이면 운동 위주로 치료한다. 환자가 수동적이거나 증상이 심하면 근육 이완 등 치료사가 더 직접적으로 보조하는 치료를 한다. 치료 프로그램은 때때로 수정된다. 몸은 시시각각 변하기 때문이다. 지난번에는 괜찮았는데 새로운 부위가 아프기도 하고 항상 변수가 이어진다.

치료사는 환자를 치료할 때 집중력이 요구된다. 치료하면서 환자가 하는 이야기를 듣고, 몸의 움직임을 관찰해야 한다. 상황에 따라 다른 치료 방법으로 변경하거나 일상 속 조언도 해야 한다. 치료 종료 5~10분 전 집에서 할 수 있는 간단한 운동을 지도하거나 유의 사항을 설명하며 치료를 마친다. 물리치료사는 전문직이다. 물리치료 전공을 하지 않거나 오랜 시간 단련이 없으면 비슷하게 흉내는 낼 수 있어도 효과까지 비슷하게 줄 수 없다. 심지어 비슷한 동작을 하더라도 치료사 마다 효과 차이가 크게 나타난다.

치료 시간은 천차만별이다. 언젠가 10분 만에 치료를 해야 하는 상황도 있었다. 치료사는 짧은 치료 시간을 탓할 수 없다. 정해진 시간 안에 최선의 치료를 해야 한다. 치료 시간이 10분이라면 환자를 빠르게 평가한 후, 한두 가지 필요한 치료를 한다. 사실 절대적인 치료 시간을 확보하는 것도 중요하지만 원인을 명확하게 안다면 시간이 짧아도 충분히 치료 효과를 줄 수 있다. 치료 시간과 치료실 여건이 부족하거나 열악하더라도 그 속에서 역량을 발휘해야 한다. 숙련된 치료사는 적은 치료 시간에도 환자의 불편함을 줄일 수 있다. 평소 존경하는 선배 중에 초고수가 있다. 그 선배처럼 나 또한 5분 이내에 치료 효과를 극적으로 주는 고수가 되기를 바라고 있다.

Q2
치료 시 환자와의 대화가
꼭 필요한가요?

환자와의 대화는 꼭 필요하다. 치료의 방향을 결정하는데 중요한 역할을 하기 때문이다. 다만 치료 시간이 짧아서 그 시간 동안 치료에만 집중해야 하는 경우도 있다. 그럴 때는 상담 또는 치료 시작 전후로 환자 변화 또는 특이 사항을 확인한다.

나는 환자와 대화를 많이 하는 걸로 유명했다. 저연차 때 한 선배는 내게 치료사가 너무 말이 많다며 핀잔을 주기도 했다. 하지만 대화를 많이 하는 내 스타일을 바꿀 순 없다. 내 치료사 가치관 중 하나는 '환자의 이야기를 많이 듣고 질문해서 치료의 질을 높이자'이다. 환자들이 병원 진료 시간이 짧아서 하고 싶은 질문을 못 하고 수동적인 치료를 받는 모습을 많이 봐왔다. 예전에 부모님을 모시고 병원에 갔을 때 나 또한 마찬가지였다.

전공 교재에서도 충분한 대화를 통해 상담하고, 평가 및 치료 계획을 세워야 함을 강조한다. 하지만 치료실 내 여건은 녹록지 않다. 그렇다고 치료 환경 탓을 할 순 없다. 주어진

환경에서 최선을 다할 뿐이다. 환자와의 대화는 정형화된 치료가 아닌 상황에 맞는 유연한 치료로 이어진다. 환자의 이야기를 잘 들어주고 반영하는 치료는 만족감과 회복 결과도 높아졌다.

대화 중에 조심해야 할 사항도 있다. 치료와 관계없는 개인적인 이야기를 피하고, 환자의 개인 정보를 알게 되더라도 비밀 유지를 꼭 해야 한다. 환자에게 질문할 때는 개방형 질문을 통해 환자 답변이 단답형이 아닌 편하게 많은 말을 할 수 있게 한다. 치료사가 많이 말하기보다 환자의 말을 경청하며 말하는 정보를 잘 선택 취득하는 게 좋다. 환자의 감점에 공감하는 것은 좋지만, 치료의 객관적 정보와 주관적 정보를 잘 판별해야 대화가 유익하다. 환자와의 대화에서 듣고 배울 것들이 많다. 나보다 인생 선배이고, 타 분야에서 쌓은 사람의 경험과 지식을 듣는 순간은 영광스럽기도 하다. 물리치료사로서 즐거움을 느끼는 부분이다. 나는 사람 만나는 걸 좋아하고 호기심이 많은 편인데 물리치료사는 다양한 사람을 만날 수 있고 그 과정에서 질문할 수 있는 직업이므로 내게 참 잘 맞는다.

Q3
환자와의 라포형성을 위해
어떤 노력을 하나요?

환자와의 라포형성은 중요하다. 환자와 친밀한 관계까진 아니어도 상호 호의적이어야 치료 과정도 원만해진다. 환자와 얼굴 붉힐 일이 생기면 치료가 어려워진다. 얼굴을 붉힐 정도면 치료사의 조언을 들을 리가 거의 없기 때문이다. 평소 대화는 가장 좋은 라포형성 방법이다. 환자에게 이런 저런 질문을 많이 한다. 처음에는 많은 질문에 당황하는 환자도 나중에 질문이 치료에 연관이 된다는 사실에 신기해하며 적극적으로 이야기한다.

예를 들어, 저녁에는 보통 무엇을 하는지 물어본다. 소파에 옆으로 누워 TV를 시청하거나 밖에서 공원 산책을 한다고 답할 수 있다. 이에 따라 어떤 치료 방법과 조언을 해야 좋을지 정리가 된다. 목이나 어깨가 아픈 경우, 옆으로 누우면 아래 쪽에 위치한 목과 어깨가 더 눌리며 문제가 된다. 누워있는 걸 좋아하는 성향이면 신체활동이 떨어지는 경우가 많다. 그러면 운동을 별로 안 좋아하는 성향일 수 있으므로 가벼운 스트레칭을 알려준다. 공원 산책을 한다면 건강에 관심이 많고 신체 활동도 활발한 편이다. 그런 경우 공원 내에 위치한 기구를 이용할 수 있는 운동을 가르쳐 준다. 환자가 말해주는 내용에 따라 치료사는 환자에 맞는 조언을 한다.

칭찬을 많이 하는 것도 방법이다. 환자 중 선수 또는 운동을 잘하는 경우 치료사가 알려주는 동작을 잘 따라한다. 하지만 몸이 불편한 환자라면 움직임이 잘 일어나지 않는 경우가 더 많다. 그렇기에 오랫동안 굳어지거나 약해진 부위의 스트레칭 또는 운동을 할 때 칭찬을 많이 한다. 쉬운 동작을 성공할 때마다 칭찬하면 환자는 더 의욕적으로 참여한다. 칭찬을 통해 치료에 대한 의지가 커진 환자는 더 노력하고 치료사를 신뢰하게 된다.

치료가 시작될 때 오늘 무엇을 할지, 끝날 때쯤에는 다음에 무엇을 할지 알려준다. 환자는 하루라도 빨리 회복하기를 원한다. 하지만 의학적 지식과 정보가 치료사보다 부족하기에 답답하게 느낄 때도 있다. 인터넷 검색, 유튜브 영상 시청을 통해 어느 정도 알 수도 있지만, 자기 몸에 대한 전문적인 접근은 어렵다. 치료사가 치료 계획과 방향을 잘 설명하면 환자는 치료사를 더 신뢰하며 믿고 따르게 된다. 이외에도 치료사는 치료 약속 시간을 잘 지키고, 외관을 단정하게 하고, 환자의 불편함을 고려한 동선이나 치료를 제공하는 등 보이지 않는 노력을 한다. 치료실에 들어오고 나가는 순간까지가 치료의 영역이라고 생각하는 것이다.

환자의 무리한 요구나 불평에
어떻게 대처하나요?

환자가 무리한 요구를 할 때는 기분 나쁘지 않도록 거절한다. 저연차 때는 사정하거나 무리한 요구를 하는 환자에게 끌려다닌 적도 있었다. 하지만 지나고 보면 원칙을 지키는 편이 문제도 덜 했고, 환자 회복에도 더 도움이 됐다. 예를 들어, 환자에게 체외충격파치료 처방대로 했는데 더 해달라고 요청하는 경우가 생긴다. 처방은 환자의 상태와 증상을 토대로 연구한 결과를 바탕으로 나온다. 치료도 마찬가지다. 조금 더 치료를 해주다가 과해서 부작용이 나는 경우가 생겼다.

핫팩은 보통 한 개만 처방된다. 어떤 환자는 핫팩을 여러 개 요구한다. 그러면 자칫 다른 환자도 같이 요구하는 사항이 생긴다. 누구는 해주고 누구는 안 해준다며 형평성 논란으로 곤란한 상황이 일어난다. 핫팩을 여러 개 주는 순간 업무도 늘어나고, 어떨 때는 핫팩이 식거나 부족해서 다른 환자에게 못 주는 경우도 생긴다. 가장 중요한 건 국소 부위에 열을 높여 혈액순환 증가와 조직을 이완시키는 것을 주목표로 하는 핫팩의 효과가 떨어진다. 물론 환자는 여러 부위

I am a physical therapist

가 아프니까 핫팩을 여러 장을 요구할 수 있다. 환자가 거의 없다면 유연하게 대처해도 하지만 되도록 기분 나쁘지 않도록 잘 설명하며 거절하는 게 좋다.

환자가 치료 효과에 대해 불평하면 귀 기울여 들어야 한다. 환자는 빨리 낫기 위해 시간과 노력을 쓴다. 치료사는 잘 치료해야 하는 사람이다. 그러므로 환자가 만족할 수 없는 치료를 해서 불평이 나온다면 노력해야 한다. 업무 영역 밖의 불평이라도 잘 기록했다가 타 부서나 동료에게 전달해 개선되도록 해야 한다. 이유 없이 불평하는 경우는 거의 없다. 아파서 더 짜증을 내거나 말을 퉁명스럽게 할 수는 있지만 그 정도는 이해가 된다. 다만 환자의 이유 없는 동료 험담을 받아 주거나 동조하면 안 된다. 중립적인 입장에서 빨리 회복할 수 있도록 노력해야 한다.

병원 안에서는 다양한 일이 발생한다. 환자와 환자 간의 싸움을 중재해야 하거나, 환자가 치료실 안에서 큰 목소리로 전화해 다른 환자에게 불편함을 주는 일도 있다. 극단적으로 싸워서 난리가 나는 일도 생긴다. 다양한 상황이 일어날 수 있음을 항상 인지하고 대처해야 한다. 그래서 치료사는 환자 앞에서 당황하면 안 된다. 무리한 요구는 유연하게 거절하고 치료에 대한 불평에는 귀를 기울여 환자 회복을 위해 노력하자.

물리치료사 건강관리 체크리스트

1	가만히 있는 걸 피한다. 한 자세로 오래 있지 않도록 최소 20분에 한 번씩 자세를 바꿔야 한다.
2	일주일에 최소 150분 이상 중강도 운동 또는 75분 이상 고강도 운동을 한다. 이때, 무리하지 않고, 단계적으로 강도를 올린다.
3	일상에서 하지 말아야 할 자세를 안다. 고개 숙이기, 팔짱 끼기, 양반다리, 짝다리, 다리 꼬기 등 몸을 과도하게 구부리거나 비대칭을 유발하는 자세를 피한다.
4	좋은 자세를 안다. 앉아 있을 때, 서 있을 때, 누워있을 때 등 일상에서 많이 하는 바른 자세를 배운다.
5	큰 사고나 외상이라면 즉시 병원에 간다. 경미한 외상 또는 어느 날 갑자기 아팠을 때 통증 발생 일주일을 기준으로 판별한다.
6	적절히 휴식한다. 건강 효과를 높이기 위해서는 휴식이 신체활동과 자세만큼 중요하다.
7	좋은 음식과 건강한 생활 습관을 유지한다. 적절한 식습관, 수면, 사회적 관계, 스트레스 관리, 위험물질 회피 등 생활 습관이 중요하다. 특히 내가 먹는 음식은 미래의 내 건강과 직결된다.

일상에서 지키면 좋은 건강 관리법이다. 물리치료사가 된 후 건강에 대한 많이 하게 되었다. 환자가 스스로 건강관리를 할 수 있도록 반복해서 설명한다. 그러다 보면 환자도 어느 순간 인지하고 노력한다.

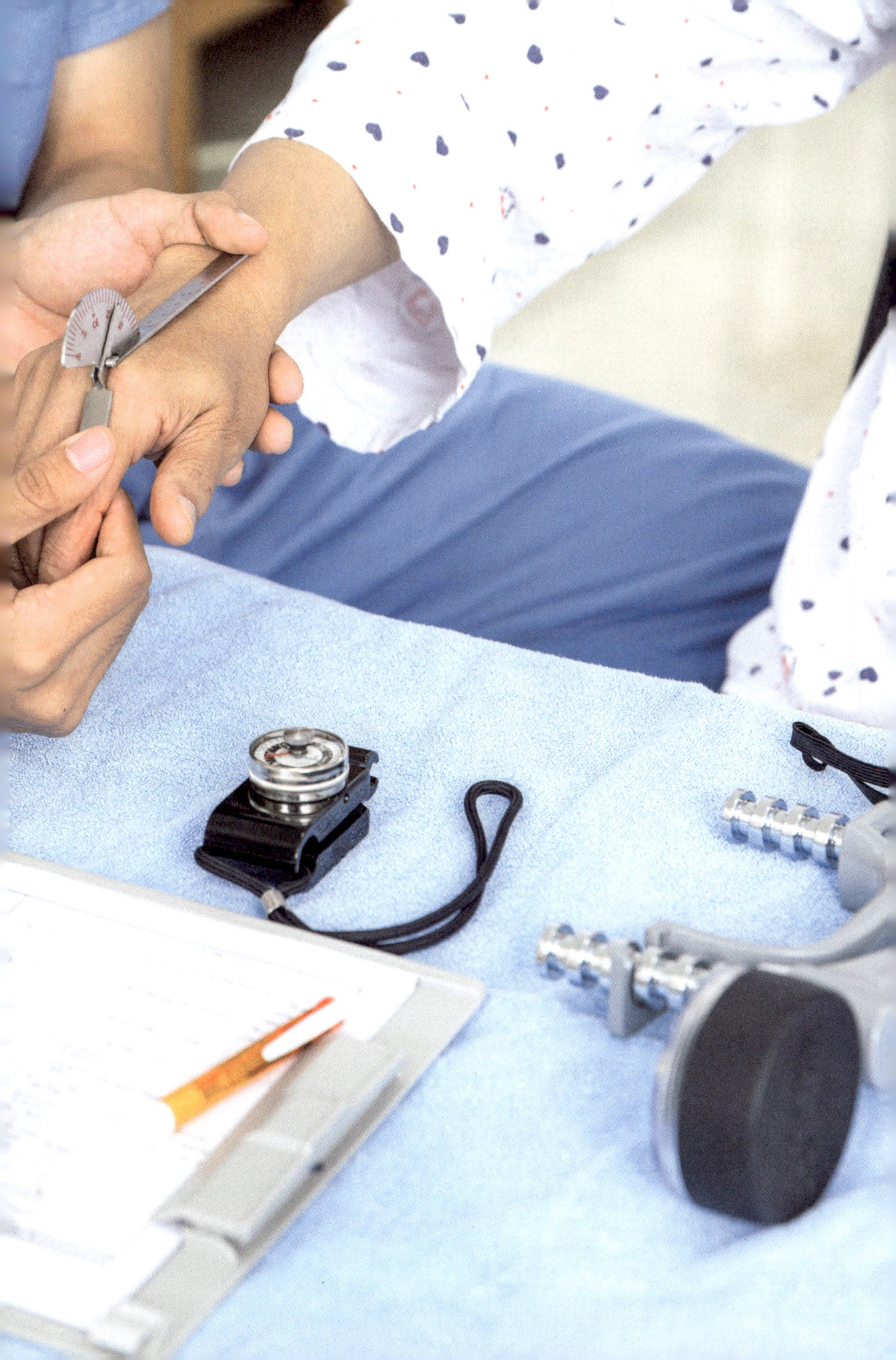

I am a physical therapist

Part 4 치료의 의미

I am a physical therapist

1 물리치료사의 비전

이십여 년 전 대학 전공을 위해 유망 직업을 검색했을 때 순위에 물리치료사가 있었다. 나는 고등학생 때부터 병원에 다닌 경험이 있어 물리치료사라는 직업에 익숙하기도 했다. 그런데 시간이 지나도 물리치료사는 여전히 유망 직업에 있다. 그 이유는 평균 수명이 증가한 초고령사회에 있다. 대부분 선진국은 현대의학 발달로 조기 진단이 가능하고, 감염병 예방과 만성질환 관리로 평균 수명이 늘고 있다. 병을 치료하고 관리하는 의학 기술의 발달로 고령층 인구가 늘어나고 있다. 신체를 치료하고 상담하는 물리치료사는 유망 직업을 넘어 의료 보건계 핵심 직종으로 떠오를 수밖에 없다.

외국에서는 물리치료사 단독 개원이 가능하다. 미국 유학 시절, 외국 친구에게 물리치료사라고 소개하면 나를 다르게 보곤 했다. 그만큼 사회적으로 인정받는 직업이기 때문이다. 우리나라 물리치료사는 단독 개원이 안 된다. 하지만 물리치료사는 병원 안팎으로 물리치료 업무를 다양하게 확장 중이며, 국민 건강을 위해 묵묵히 일하며 빛나고 있다.

앞으로 AI, 로봇 시대를 외치며 많은 직업이 사라질 것으로 예상되지만 그중 물리치료사는 대체 불가능한 직업 중 하나다. 환자에게 1:1로 도수치료, 운동치료를 하는 작업은 로봇이 할 수 없다. 사람 손과 움직임만큼 정교하게 치료할 수 없기 때문이다. 특히 사람의 몸은 기계의 부품을 교체하거나 수리하는 것처럼 간단하지 않다. 사람은 심리적, 사회적으로 영향을 받기 때문에 때로는 신체적인 문제 해결 뿐만 아니라 환자의 고충을 이해하고 공감하는 일도 필요하다.

후배나 그래서 물리치료학과에 진학하고자 질문하는 사람을 만나면 단호히 말한다. 물리치료사는 유망 직업이고, 의료보건계 핵심으로 떠오를 직업이라고 말이다. 하지만 모든 물리치료사에 해당하는 내용은 아니다. 어느 직업이나 노력이 필요하다. 꾸준한 노력으로 물리치료 안에서도 자신이 전문가로 인정받을 수준의 실력이 필요하다. 환자에게 충분히 도움을 줄 수 있는 실력을 갖춘다면 비전은 밝다. 물리치료사처럼 취업률이 높고, 환자에게 도움을 줄 수 있고, 매일 감사 인사를 받는 직업이 또 있을까? 개인의 삶과 직업적 목표의 수준이 다르므로 누군가는 부족하다고 생각할지도 모른다. 그것은 가치관의 차이다.

취업률이
아주 높다는데 사실인가요?

2023년 3월 진로 진학 뉴스 매체 기사에 의하면 물리치료과 평균 취업률은 82.1퍼센트로 보고했다. 대학 전체 평균 취업률은 61.3퍼센트였다. 무려 취업률 평균이 약 20퍼센트가 높은 수치다. 물리치료학과 진학하는 학생 중 학과의 취업률을 보고 오는 경우가 많다. 타 전공을 졸업하고 물리치료학과를 오는 경우도 높은 취업률이 큰 이유다.

원하는 직장에 이력서와 자기소개서를 쓰고 지원한다고 백퍼센트 취업이 되지는 않는다. 요즘은 좋은 일자리도 많지 않다. 특히 원하는 병원 또는 선호하는 분야의 직장은 경쟁률이 높다. 연간 4천여 명의 물리치료사가 졸업하는데 해마다 대학병원 채용 인원은 극소수다. 정말 원하는 직장에는 가기 힘들 수도 있다. 하지만 일하기를 원한다면 단순 취업은 잘 되는 편이다. 큰 병원이나 센터는 경력직 물리치료사를 선호한다. 취업을 희망하는 해당 직장의 채용 공고를 미리 살펴보고 선배의 조언을 참고하며 대학 때부터 중장기적으로 취업을 준비해도 좋다.

Q2
실제 현장의 성비는
어느 정도인가요?

현재 여성 물리치료사와 남성 물리치료사의 성비는 약 2:1 비율이다. 2025년 7월 기준 대한물리치료사협회 홈페이지 회원 통계에 의하면 전체 회원 중 여 56.83퍼센트, 남 33.27퍼센트, 미분류 9.91퍼센트로 보고했다. 임상에서도 여성 물리치료사를 더 많이 본다. 대학 때도 학과에 여성 비율이 높았다. 병원에서 일하다 보면 여성 물리치료사를 선호하는 분도 있고, 남성 물리치료사를 선호하는 경우도 있다. 선호하는 이유는 개인에 따라 다를 것이다.

성별이 다르다고 해서 업무 형태가 달라지지 않는다. 같은 업무를 동일하게 한다. 남성 물리치료사 중 보통 일할 때 힘을 더 쓰는 치료 업무에 비율이 높을 수 있다. 하지만 물리치료사는 대부분 물리치료 분야에서 성별 관계없이 일하는 모습을 목격한다. 여성이 비율적으로 많은 물리치료 분야를 굳이 꼽자면 소아 운동치료가 있다. 남성 물리치료사도 있지만 유독 여성 물리치료사의 비율이 높다. 산전·산후 물리치료 분야 경우도 여성 물리치료사가 많은 편이다. 병원 밖에서는 필라테스 강사로 활동하는 물리치료사 비

중 중 여성이 더 많다. 남성이 비율적으로 많은 물리치료 분야는 스포츠 물리치료가 있다. 스포츠와 운동을 좋아하는 사람 중 남성이 더 많아서일까? 팀이나 구단에 소속되어 있는 물리치료사를 보면 남성 비율이 더 높다.

취업을 준비할 때, 스스로 성별에 따른 구분을 지어 지원을 포기할 필요는 없다. 직장에서 원하는 업무를 수행할 수 있는 역량 및 조건을 만들면 된다. 성별보다는 자신이 무엇을 하고 싶은지, 즐겁게 오랫동안 일할 수 있는 분야를 찾는 게 필요하다. 결국 나 자신이 인격체로서 존중받고, 마음껏 역량을 펼칠 수 있는 곳을 우선순위로 둬야 한다.

Q3

급여 및 복지는
어떤 수준인가요?

2020년 국민건강보험공단 보건의료인력실태조사 통계에 의하면 물리치료사는 전국 연평균 임금이 약 3,857만 원으로 조사되었다. 남성 물리치료사는 약 4,756만 원, 여성 물리치료사는 3,272만 원이었다 공식 홈페이지 참조. 남성 물리치료사가 상대적으로 연봉이 높은 도수치료 업무를 많이 하기 때문으로 보인다. 여성 물리치료사도 고연봉자가 꽤 있다. 보통 연차가 높을수록 오르지만, 도수치료 업무 유무에 따라 연봉 차가 난다. 물리치료사 중 억대 연봉자로 꽤 있다.

세종, 서울, 경기 순으로 지역 평균 연봉이 높은 걸로 나타난다. 대학 동기 중 신입 때 인구가 적은 지역 개인 의원에 취업한 친구가 있었는데 당시 내 연봉의 두 배를 받았다. 물리치료사를 구하기 어려운 지역이라 임금이 높았기 때문이다. 평균의 허수보다 내가 일하는 직장의 연봉 조건이나 복지를 살펴봐야 한다.

복지는 직장마다 차이가 난다. 병원은 4대 보험 가입과 주 40시간 근무가 일반적이다. 주 5일제로 주 40시간 근무인

곳도 있고, 평일에 일을 적게 하는 대신 토요일 오전에 일하
는 식으로 주 6일 40시간 근무인 곳도 있다. 주 45시간 일
하거나 계약 조건에 따라 자율 출퇴근을 하는 경우도 있다.
법정 규정에 따른 연차 휴가, 시간 외 수당 지급, 출산 및 육
아 휴직, 명절 상여금 또는 선물 지급 등이 복지 혜택에 대
부분 들어간다. 다른 분야의 복지 혜택과 별반 차이가 없다.
병원에 따라 교육비를 지원하는 곳도 있다. 신경계 운동치
료를 하는 경우 보험 공단에 청구할 수 있는 자격증이 있는
데, 자격 취득을 위한 교육비를 병원에서 지원하는 것이다.
협회 보수교육을 일부 지원하거나 학회 교육, 대학원 등록
비 등을 지원하는 곳도 드물지만 있다.

타지역에서 취업하면 기숙사 지원을 하는 곳도 있다. 해당
지역 내 물리치료사를 구하기 힘든 경우다. 나는 스포츠재
활 병원에서 근무할 때 2년 정도 기숙사 생활을 했다. 개인
방이 있는 게 아닌 단체 생활을 하는 기숙사였지만, 병원 출
퇴근이 2분도 안 걸렸기에 업무에 더 집중했다. 병원에 취
업하면 급여 수준 뿐만 아니라 복지 혜택도 공지가 많이 되
는 편이다. 직장을 선택할 때 급여와 생활, 복지 혜택은 중
요한 요소다. 꼼꼼하게 살펴보고 선택해야 한다.

Q4
외국에서도 물리치료사로
일할 수 있나요?

외국에서도 일할 수 있다. 다만 별도의 준비가 필요하다. 신입 시절 동기 중에 미국 물리치료사로 일하기 위해 준비하던 친구가 있었다. 학부와 석사 연계 과정으로 학점 이수와 시험을 준비했다. 10개월 정도 일하던 동기는 결국 시험에 합격했고, 얼마 후 미국으로 떠났다. 그리고 미국에서 물리치료사로 잘 일하며 살고 있다는 소식을 전했다.

이후에도 미국, 호주, 아랍에미리트에서 물리치료사로 일하는 선후배들의 소식을 들었다. 해당 국가의 물리치료사 시험을 준비할 때 필요한 전공과목 학점, 실습 내역, 외국어 점수 등 시험 자격 기준을 충족하고 인증한 후 시험에 합격하거나 외국의 대학교, 대학원에 진학해 과정을 이수하고 면허 시험에 합격해 취업한 것이다.

국가마다, 한 국가에서도 시간에 따라, 심지어 미국은 주마다 물리치료사 면허 취득을 위한 조건과 시험이 다르다. 그렇기에 취업을 희망하는 국가 물리치료사 면허 취득 요건을 계속 모니터링하며 준비해야 한다.

나는 서른 살 때 어학연수 겸 전공 공부를 위해 미국에서 일 년 정도 머물렀다. 미국 생활을 하다 보니 미국에서 물리치료사로 일하고 싶다는 생각이 문득 들었다. 선배 물리치료사의 소개로 미국 콜로라도 주에서 세 개의 물리치료 클리닉을 운영하는 선생님과 통화를 했다. 미국 물리치료사 업계에서 주류로 활동하는 자수성가한 분이었다. 선생님은 나에게 세 가지를 물었다. 미국에서 물리치료사로 일하고 싶은 이유는 무엇인지, 영어를 원어민 수준으로 잘하는지, 미국 물리치료사 면허 취득 후에 후원이 가능한 물리치료사 또는 단체가 있는지였다.

선생님의 질문에 답하면서 나는 그 일을 하고자 하는 이유에 대해 생각해 봤다. 미국에서 지내다 보니 막연한 희망이 생겨서 일하고 싶다는 마음이 생겼었고, 영어를 썩 잘하지 못했기에 영어 실력도 조금 더 쌓아야 했다. 또, 미국은 물리치료사로 일하기 위해 후원이 필요한 시스템이었다. 전화 통화가 끝날 무렵 선생님은 꼭 도전하고 싶다면 다시 연락하거나 콜로라도 주에 놀러 오라고 했다. 나는 다시 연락하지 못했다. 막연한 꿈보다 현실적으로 뚜렷한 목표가 있어야 일할 수 있을 거라는 걸 명료하게 알았기 때문이다. 요즘은 정보를 공유하며 함께 외국 물리치료사 면허 취득을 준비하는 경우도 SNS에서 심심치 않게 본다. 결국 명확한 의지와 노력만이 외국 물리치료사로서의 삶을 가능하게 한다. 그 삶은 스스로 선택하고 노력해야 한다.

물리치료사의 매력

I am a physical therapist

물리치료의 매력은 다양한 사람을 만나는 데 있다. 치료를 매개로 치료사와 환자가 만난다. 환자는 불편한 부위를 설명하며 낫기를 원한다. 어떻게 다쳤는지, 어떤 동작으로 다쳤는지 환자의 이야기를 듣다 보면 그 일상이 그려진다. 치료사는 그렇게 환자의 삶을 이해하고 다시 높은 질의 일상을 누릴 수 있도록 땀 흘리며 치료한다. 신입부터 지금까지 내가 느끼는 물리치료사의 매력 중 하나다. 지난 치료를 마친 후 다시 오기까지 생활할 때 변한 점이 없었는지도 문진한다. 사람 몸은 계속 변하는데, 어떤 이유와 변수로 바뀌는지 알 때 미묘한 즐거움이 생긴다.

환자들은 보통 물리치료사에게 '치료사님' 보다는 '선생님'이라는 호칭을 더 많이 사용한다. 학교 선생님과는 다른 개념이지만 전문가로서 존칭을 듣는다. 처음에는 익숙하지 않았는데 차츰 익숙해지면서 더 공부하고 잘해야겠다는 생각이 들었다. 가끔은 가족이나 친구들에게 갑자기 연락이 올 때가 있다. 계단 내려갈 때 무릎이 아프다며 어떻게 해야 하는지를 물어본다. 허리를 삐끗했는데 병원에 가야 하냐고 묻기도 한다. 간단히 증상을 듣고 조치할 수 있는 법을 알려준다. 두루 도움을 줄 수 있는 직업이라는 점도 매력적이다.

물리치료사는 환자를 치료하지만, 때로는 자기 스스로 치료하며 건강관리를 한다. 어깨가 뭉치거나 고관절에 불편함이 있는 등 몸에 변화가 생길 때 전공이 빛을 발휘한다. 물론 심각하면 병원 진료와 검사를 받지만, 스스로 치료가 가능한지 병원에 빨리 가서 치료를 받아야 하는지 판단할 수 있다는 점도 물리치료사의 매력 중 하나라고 생각한다.

백 명의 물리치료사에게 물리치료사의 매력을 묻는다면 백가지 매력이 나올 것이다. 그만큼 물리치료사 개인마다 느끼는 것이 다르기 때문이다. 치료사로서 느끼는 매력이 다양하고 많을수록 만족감이 높고 즐겁게 일할 수 있다.

Q1
이 직업의 가장 큰
매력은 무엇인가요?

학창 시절에 나는 수학 과목이 어렵고 약했다. 문제를 푸는 해결 능력이 약했던 탓이다. 그런데 물리치료사로 일하면서부터는 환자가 호소하는 문제에 대한 원인을 풀어야 했다. 수학은 잘 못했지만, 인간에 대한 이해를 바탕으로 한 치료적 문제 해결은 매력으로 느껴졌다.

단순히 신체만 바라보는 게 아니라 심리적, 사회적 요인도 살피기 때문이다. 현재는 '생체심리사회적모델'이라는 치료 접근법이 대세인데, 환자의 생활습관까지 고려하는 것이다. 문제 해결력이란 환자의 삶과 사람에 대한 이해와 같이 늘어난다. 나도 연차가 쌓일수록 문제 해결력이 늘었다.

치료사는 문제를 해결하기 위해 증상에 초점을 맞추지 않는다. 원인에 초점을 맞춘다. 그래야 재발하지 않고 환자 스스로 관리하게 도울 수 있다. 환자의 통증에는 한 가지 원인만 있지 않다. 그래서 만성 통증이 있거나 재발하는 환자는 원인을 다각도로 살펴야 한다. 이러한 원인을 하나씩 확인하면서 해결하는 과정은 치료사의 즐거움이다. 항상 같은

문제를 푼다면 단조로운 일상으로 직업적 흥미가 떨어질
수 있다. 하지만 물리치료사는 매번 다른 문제의 환자를 만
난다. 진단명이 추간판탈출증이라도 원인은 사람마다 다
르다. 항상 다른 문제 원인을 해결하고 환자를 돕는다. 사는
이야기나 고민을 경청하고 공감하면서 삶의 문제를 함께
하면서 환자를 이해하게 된다. 환자의 삶에 있는 불편함을
없애고 더 나은 삶을 돕기 위해 돕는 노력의 과정이 있다는
것이 가장 큰 매력이다.

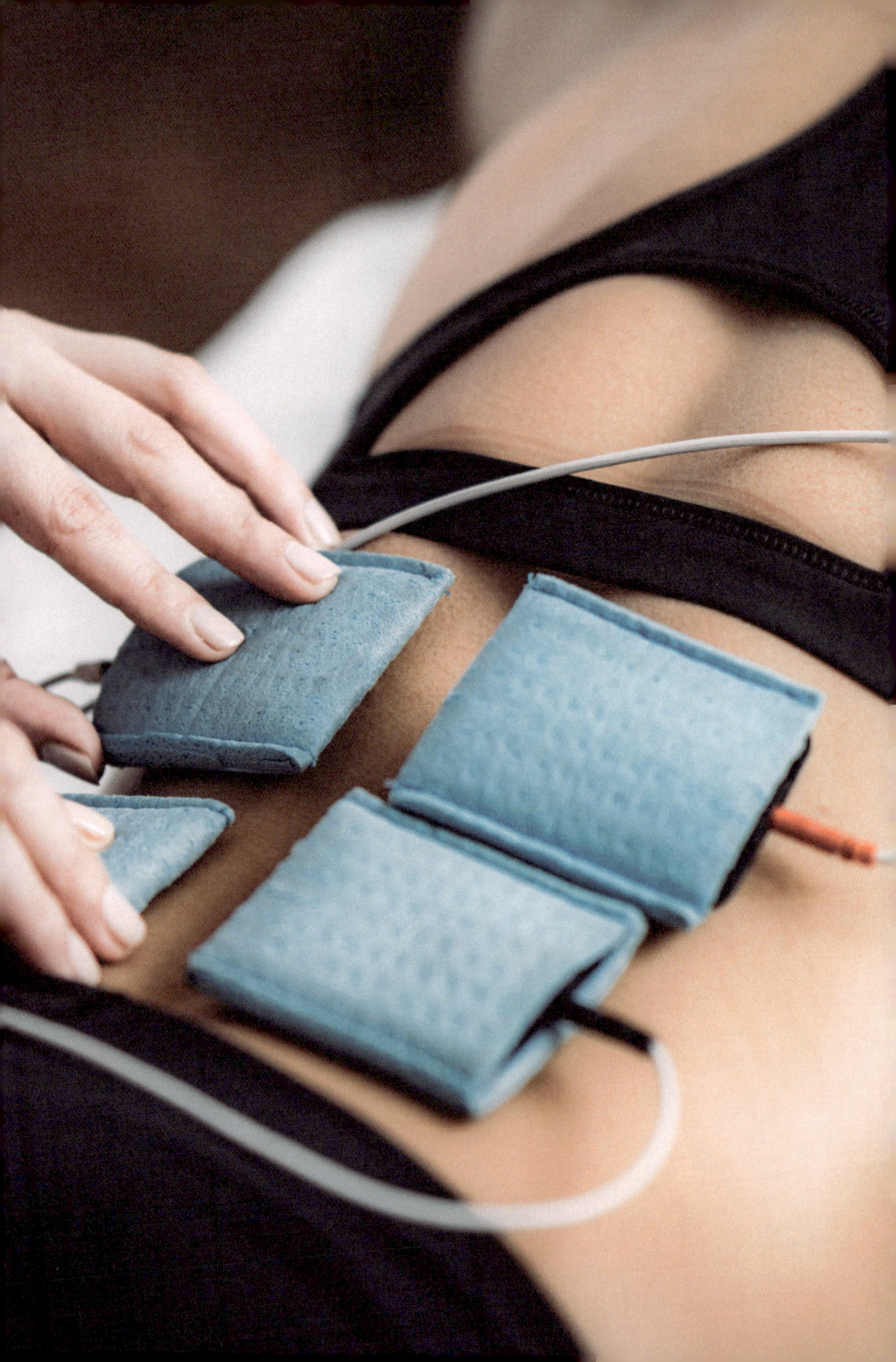

Q2
어떤 물리치료사가
좋은 물리치료사인가요?

음식이 맛있어야 좋은 식당이다. 맛있는 음식을 먹기 위해 식당을 찾기 때문이다. 그런 면에서 치료를 잘하는 물리치료사가 좋은 물리치료사이다. 환자가 치료를 받아도 낫지 못하면 좋은 물리치료사로 남을 수 있을까? 그렇지 않을 것이다. 친절한 물리치료사, 따뜻한 말을 건네는 물리치료사, 환자의 말을 잘 기울이는 물리치료사도 좋지만, 본질은 치료를 잘해야 한다.

환자의 불편함을 최선을 다해 빨리 낫기 위해 노력하는 물리치료사, 결과로 말하는 물리치료사가 좋은 물리치료사이다. 그렇기 위해 공부하고, 연구하고 실력을 갈고닦기 위해 노력하는 것이다. 후배에게도 좋은 물리치료사의 첫째 조건이자 능력은 치료 실력이라 말한다. 그러려면 친절히 대하고, 따뜻한 말을 건네고, 환자의 말을 잘 기울이는 노력도 동반해야 한다. 치료사의 친절함은 환자에게 편안함을 준다. 아파서 병원에 왔는데 불친절하고 퉁명스러운 말을 건넨다면 환자는 기분이 나쁠 것이다. 불친절한 치료사를 만나면 오히려 스트레스를 받는다.

환자는 오랫동안 재활을 해야 할 때가 있다. 아무리 긍정적인 성격이어도 수개월 동안 아프면 괜히 짜증이 나고 예민해진다. 환자 중에 가족과 지인에게 아픈 후 성격이 변했다는 말을 들었다고 하는 분도 많다. 환자의 경직된 신체뿐만 아니라 마음까지 부드럽게 만드는 따뜻한 말을 건네는 물리치료사도 좋다. 아파서 부정적인 생각을 가진 환자의 마음을 변화하는데 다양한 사례와 이야기를 통해 안심시키고 재활 의지를 북돋기 위해 노력한다.

치료를 잘하는 고수 물리치료사 중에는 환자와 활발한 소통을 하는 치료사가 많았다. 자세히 살펴보면 환자에게 적재적소로 말하기도 하지만 환자의 말에 귀를 잘 기울이는 모습을 보였다. 치료사가 일방통행으로 말하며 이끌기보다 환자의 말을 충분히 경청하고 그에 맞는 적절한 말과 치료를 했기 때문이다. 환자의 이야기를 하다가 치료의 실마리가 풀리는 경우가 있다. 환자가 직접 말하지 않으면 알 수 없는 이야기를 듣기 위해서 경청해야 한다.

I am a physical therapist

Q3

환자에게 어떤 치료사로
기억되고 싶나요?

내가 치료했던 환자들에게 자주 듣는 말이 있었다. "선생님은 성실해서 좋아요." 어느 순간 나는 환자에게 성실한 치료사로 기억되고 있었다. 그 말을 들을수록 나도 환자에게 성실한 물리치료사로 기억되고 싶다는 마음을 가지게 되었다. '정성스럽고 참되다'라는 의미인 성실은 오랫동안 환자를 치료해야 들을 수 있는 표현이라 더 반갑고 좋다. 한 번의 치료만으로 성실함을 알 수 없지 않은가.

어렸을 때 아버지는 늘 성실함을 강조하셨다. 성실하게 노력하다 보면 좋은 삶이 따라온다고 하셨다. 그렇게 말씀하셨던 아버지 역시 성실하셨다. 그 모습을 보고 자라서인지 성실하다는 말이 좋다. 성실한 물리치료사는 기본에 충실하다. 환자의 치료 시간을 잘 지키고, 정성을 다해 치료한다. 환자를 일관성 있게 대하고, 회복을 우선으로 생각한다. 그렇게 치료하다 보면 환자의 고통이 서서히 줄어든다. 신체적 문제뿐만 아니라 통증으로 인해 위축된 마음도 부드럽게 된다.

지금까지 치료했던 수많은 사람 중 성공한 인생 선배들이
말했다. 성공의 기본은 '성실함'이라고. '안 선생은 성실하
니 반드시 성공할 사람'이라는 말을 듣곤 했다. 그 말을 들
을 때마다 황송했다. 기본에 충실하자는 생각으로 일하니
이렇게 분에 넘친 말을 듣기도 하는 것 같다. 사실 나는 환
자에게 어떤 식으로 기억되어도 감사하다. 상대도 수많은
사람을 만날 텐데 그중에 나를 기억한다는 자체가 감사하
기 때문이다.

한번은 유튜브에 출연한 적이 있는데, 15년 전에 지방에서
올라와 치료받았던 당시 50대 남성분이 영상에 댓글을 남
겼다. 반갑고 예전 생각이 난다는 내용이었다. 간혹 안부 인
사를 주는 분도 있다. 일에 보람을 느끼고 사람 사는 세상이
라고 느끼는 순간이다.

앞으로도 환자를 성실하게 대하는, 기본에 충실한 물리치
료사로 살고 싶다. 직업을 떠나 한 인간으로서 그렇다. 성실
하게 살다가 문득 인생을 돌아봤을 때, 후회하지 않고 멋지
게 살았다는 생각이 들 것이다.

Q4
정년과 은퇴 시기는
어떻게 되나요?

평생직장이 사라지는 사회. 이제는 '평생직업' 시대를 이야기한다. 물리치료사의 정년과 은퇴는 개인차가 큰 편이다. 대학병원과 보건소와 같은 공공기관에 정규직으로 일하는 경우 정년이 보장되지만 대부분은 직업적 정년이 딱히 정해지지 않았다. 정년에 대한 개념이 잘 없기도 하고 이직률도 높은 편이다.

2025년 7월 기준 대한물리치료사협회 홈페이지 회원 통계에 의하면 30대, 40대, 20대, 50대, 60대 순으로 회원 수가 많은 걸 볼 수 있다. 최근 10년 사이에 4천여 명의 신입 물리치료사가 임상에 나온다. 내가 속하는 40대는 당시 해마다 3천 명 가까운 물리치료사가 나왔다. 50대, 60대 선배 물리치료사 경우 지금보다 입학 인원과 졸업 인원이 적었다.

우리나라 최초의 물리치료과는 1963년 고려대학교다. 학교에 정규 물리치료 교육과정이 생겼다. 당시 졸업자들의 나잇대를 살피면 2025년 기준 60대 초중반이다. 본격적으로 물리치료과가 생기기 시작했을 때가 70년 중·후반이니

초기에 물리치료사가 된 선배들이 이제 막 은퇴할 때다. 따라서 현재로선 정년이 보장된 대학병원 및 공공기관을 제외하고, 20대~50대 물리치료사의 정년 기준치를 추청하기가 어려운 상황이다.

2020년 국민건강보험공단에서 발표한 보건의료인력실태조사 통계에 따르면 의료기관 근무하는 60~69세 물리치료사는 404명남 268명, 여 136명, 70대 이상은 16명남 13명, 여 3명으로 집계되었다. 의료기관에서 근무하는 선배 물리치료사들을 보면 보통 50대까지는 안정적으로 근무한다. 은퇴 시기는 물리치료사의 적성과 직장 상황에 따라 달라진다. 의료기관에 일하지 않고 전공과 관련된 다른 분야로 진출하는 경우도 있다.

3   미래의 물리치료사

의료 진단 및 치료 장비가 계속 발전한다. 의료과학이 발전하면 물리치료사의 역할도 변화한다. 치료기기가 고도로 발달한다고 해도, 이것을 이용해 치료하는 주체는 반드시 필요하기 때문에 치료사의 역할은 오히려 증가하거나 유지될 것으로 예상한다. 치료기기 자체가 스스로 환자를 치료할 수는 없어서다. 공상 영화 속에 나올 법한 로봇의 직접 치료는 백 년 후에 가능할지 모른다. 환자의 치료 행위뿐만 아니라 공감하고 교감해야 하는 헬스케어 전문가로서 역할은 대신하기 어려운 영역이다.

4차 산업에서 AI를 빼놓을 수 없다. 물리치료학과 동문 단톡방에서 한 선배가 환자 치료 계획을 AI에게 물어봤다며 운을 뗐다. 그리고는 계획이 아주 자세히 나왔다고 감탄했다. 환자 기록을 적고, 질문을 자세히 할수록 세세하게 답변하니 오히려 자신보다 낫다고 웃으셨다. 한 후배는 AI 프로그램을 이용하면 유튜브 영상 제작에 도움이 많이 된다고 이야기했다. 영상을 만드는데 본인 얼굴이 안 나와도 양질의 내용을 담을 수 있다며 다른 이들에게도 활용을 권했다.

이렇듯 물리치료사도 업무에 AI를 적용해 보는 사례가 점차 늘고 있다.

디지털 헬스케어 분야에도 많이 쓰인다. 손으로 평가하고 치료하던 아날로그 헬스케어가 진화해 디지털 헬스케어 시대가 되었다. 평가 장비로 환자 자세를 측정하고 이를 앱에 저장해 활용할 수 있다. 직접 대면하지 않아도 온라인으로 환자를 만나 운동을 가르칠 수 있다. 운동할 때 화면 동작을 따라 하고, 틀렸는지 맞았는지 실시간으로 알려주는 장비도 있다. 전화와 문자로 연락해서 전문가와 환자를 연결하는 게 아닌 '배달의민족' 플랫폼처럼 양방향으로 보며 연결해 준다.

로봇, AI, 디지털 헬스케어를 활용해 더 편리하고 정확하게 환자에게 도움을 주는 시대다. 하지만 아직은 이런 분야를 몰라도 일하는 데에는 대부분 지장이 없다. 환자와 대면해서 직접 치료하기 때문이다. 하지만 앞으로는 물리치료 분야도 4차 산업 시대와 맞물려 갈 것이다. 편리한 프로그램과 기기를 사용할 때마다 치료사도 편하고 환자 만족감이 높아진다. 낯설지만 관심을 가지고 한 번씩 활용하다 보면 경험의 폭을 넓힐 수도 있다.

Q1
물리치료사의
추후 전망은 어떤가요?

2025년 우리나라는 초고령사회가 되었다. 초고령사회는 인구의 20퍼센트가 65세 이상이 된 사회를 말한다. 평균 연령이 증가할수록 독립적인 생활을 위한 적극적인 노력이 필요하다. 빠르면 40대, 50대부터 건강관리에 관심이 생기게 된다. 물리치료사는 고령층뿐만 아니라 노후를 준비하는 사람에게 특히 생애주기별 다양한 건강 관리법을 지도하고 조언할 수 있는 전문가로 거듭나야 한다.

아픈 사람만 치료한다는 건 과거의 개념이다. 최근에는 아프지 않도록 사전에 돕는 예방의학 분야가 더 발전 중이다. 물리치료사는 질환을 예방하고 생활 습관을 관리하는 건강 분야에 관심을 가져야 한다. 최근에는 우려하는 목소리도 있다. 물론 병원만 바라보면 우려될 수 있다. 전통적인 취업지인 의료기관 취업 경쟁률이 높아지기 때문이다. 하지만 치료와 예방을 공부하고 경험을 쌓으며 병원 안팎으로 눈을 돌린다면 선택지는 많아진다.

나는 10년 차를 넘기면서 다른 길로 눈을 돌리기 시작했다.

그런데 최근 물리치료사가 된 후배들은 임상에 나오면서 부터 다양한 분야에 관심 가지고 적극적으로 활동한다. 지역사회 봉사활동, 스포츠 대회 의무 지원 등 관심 분야에 활동 폭을 늘리며 역량을 쌓아간다. 물리치료사의 실력은 단숨에 쌓이는 것이 아니기 때문에 관심 있는 여러 활동을 하며 본인의 가치를 높여야 한다.

물리치료사의 전망은 밝다. 병원 밖 활동을 염두로 활동한 경우에서 말이다. 전통적인 의료기관에서 충분한 경험을 쌓고 다양한 업무를 하면서 급격하게 바뀌는 세상에도 흔들리지 않는 자신만의 색을 준비한다면 좋을 것이다.

Q2
4차 산업혁명으로 인한
역할 변화가 있나요?

4차 산업혁명이 자연스럽게 진행되고 있다. 인공지능 AI, 로봇, 빅데이터, 드론, 자율주행, 가상현실 등 처음에는 낯설었던 단어가 이제 어색하지 않다. 물리치료 분야 역시 이러한 발전과 밀접한 연관이 있다.

대표적인 분야는 로봇물리치료 분야이다. 의료용 로봇, 재활용 로봇을 통해 환자를 치료하는 데 활발히 사용하고 있다. 신경계 질환 환자의 경우 신경 손상이 심한 경우 보행이 어렵다. 이러한 환자에게 로봇을 이용해 보행을 보조한다. 하지만 이 역시 완전히 대체되지는 않을 것이라는 걸 책의 전반에 이야기했다. 인공지능을 이용하면 치료 방향을 설정하는데 도움받을 수는 있지만 전문적인 평가나 치료는 사람이 해야 한다. 치료사는 직접 손으로 익히고 숙달되어야 환자 치료를 적용할 수 있다. 다만 인공지능을 토대로 활용할 수 있는 능력은 필요해 보인다.

코로나19를 겪으며 비대면 교육이 본격적으로 도입되기 시작했다. 이제 사람들도 비대면 온라인 회의에 익숙해졌다. 재활 및 운동 분야도 온라인 영상을 활용한다. 직접 만나서 운동하는 게 아니라 서로 영상을 통해 전문가와 의뢰인이 1:1로 소통하는 것이다. 나아가면 가상현실 분야에서 물리치료사 역할이 늘어날 수 있다. 단기적으로 물리치료사의 역할 변화는 크지 않다. 하지만 세상은 급격하게 변하고 있기에 시대의 흐름을 놓치지 않게 준비하는 태도가 필요하다.

Q3
사람 대신 로봇이
치료하는 시대가 올까요?

요즘 교육이나 세미나에 가면 의료보건 분야에서 로봇을 실제 활용하고 연구하는 내용을 쉽게 접하게 된다. 점차 과학기술이 발달하는 걸 보며 로봇시대를 조금 실감하기도 한다. 그렇다고 아직 로봇이 의료보건 분야를 획기적으로 바꾸거나 우려할 수준은 아니다.

의료보건 분야에서 로봇은 치료, 일상생활 보조, 돌봄 등의 영역에 주로 이용된다. 치료용 로봇을 이용한 로봇물리치료 분야는 보행 보조, 상지 움직임 보조용 로봇 착용을 통한 일상생활 기능 도움 등이 있다. 로봇의 역할이 늘어나고는 있지만 사람이 하는 것 만큼의 효과는 없다. 아마 더 정교한 로봇이 나오더라도 물리치료사의 역할을 대체하지 못할 것이다.

안마 의자가 한창 유행하던 때가 있었다. 사람들은 안마 의자에 앉아서 또는 누워서 마사지를 받으며 건강관리를 했다. 하지만 현재까지의 기술력으로는 사용자의 질환을 고려해 부위별 자극을 달리하는 치료용 목적의 안마 의자를 만들지 못했다. 단순한 전략으로는 물리치료가 불가능하기 때문이다.

식당에 음식을 나르거나 식기를 치우기 위한 로봇이 있듯이 물리치료 분야에서도 핫팩이나 치료기기를 이동하는 등 현재 이용되는 로봇물리치료 수준이 조금 높아질 뿐이다. 로봇이 물리치료사를 대신하기에 손을 이용한 행위로서 정교함이 필요하다. 거기에 환자의 정서적 교감을 하며 치료 중재를 바꿀 수 있어야 한다.

로봇이 물리치료를 대신하는 시대가 온다면 인류가 일하는 대부분 분야에서 로봇이 사람을 대체할 것이다. 그만큼 물리치료사의 역할은 로봇으로 대신하기 어렵다는 의미다. 로봇이 물리치료사를 대체하는 데에는 긴 시간이 필요하다.

Q4
물리치료사를 꿈꾸는 이들에게
해 줄 말이 있나요?

물리치료사는 고통받는 사람을 치료함으로써 선한 영향력을 행사하는 직업이다. 눈에 띄는 화려한 직업은 아니지만 묵묵히 현장에서 일하며 빛나는 존재로서 일한다. 신입 물리치료사로 막 임상에 발 딛을 때는 우왕좌왕하며 시행착오를 겪을 수 있다. 하지만 시간이 지날수록 경험이 쌓이며 수많은 사람에게 다양한 도움을 줄 수 있는 직업이다.

동료 물리치료사에게 어떤 이유로 물리치료학과를 선택했냐고 하면 아픈 사람을 도울 수 있고, 취업이 잘 되는 직업이라 골랐다는 답변이 주로 돌아온다. 또한 자신이 예기치 못한 사고 또는 통증을 겪으며 오랫동안 재활하다가 환자를 돕고 싶은 마음에 진로를 선택했다는 사람도 꽤 있었다. 처음 이 일을 하게 된 계기는 각자 다르겠지만 일하다 보면 대부분이 사회의 구성원으로서 자부심과 보람을 가지고 일한다.

진로를 고민하는 학생이 사람 만나는 것과 돕는 것을 좋아한다면 진지하게 물리치료학과 진학을 생각해 보라고 권하고 싶다. 꼭 병원이 아니어도 취업할 수 있는 분야가 많기에 헬스케어 전문가로서 확장할 수 있다는 점을 강조하고 싶다. 이미 전공하고 있는 후배에게는 대학 수업을 잘 따라가되 대학 생활을 자유롭게 누리고 활동하라고 말하고 싶다. 많은 전공 공부에 치우쳐 학창 시절에 할 수 있는 활동을 줄이기보다 대학생이 도전하고 관심 있는 활동을 하는게 좋다. 우스갯소리지만 학교 다닐 때 상위권 성적을 유지하며 공부를 열심히 한 사람은 임상에 나온 뒤에 공부를 안한다는 말이 있다. 대학 때 전공 공부에 흥미가 없었던 나처럼 뒤늦게 임상에서 정신 차리고 열심히 한 경우도 많다.

물리치료학과 대학생이라면 우리나라에만 머물지 말고 잘 준비해서 외국 물리치료사 취업에도 도전해보기를 권한다. 영어를 하면 물리치료 공부를 할 때도 도움이 되지만 해외 취업 기회에 가까워진다. 물리치료 학문을 응용하고 확장해서 국내와 해외를 오가며 활동하는 후배 물리치료사가 많이 나오기를 바란다. 물리치료사를 직업 관점에서 테두리를 정하지 않고, 활동 관점에서 바라보면 테두리 없이 종횡무진 활약할 기회가 주어진다. 나 또한 여러 분야에 도전하고 활동하면서 후배 물리치료사에게 새로운 길을 보여줄 수 있는 선배가 되기 위해 노력할 것이다.

마지막으로, 물리치료사도 건강이 우선이기에 꿈을 향해 가는 모두가 자신의 건강관리에도 힘을 쓰면 좋겠다

물리치료사가 사용하는 용어

I am a physical therapist

도수 Manual Therapy

물리치료 중 하나인 맨손으로 치료하는 도수치료를 줄여 '도수'라고 사용한다. '도수'를 영어 단어인 '매뉴얼'이라는 말로도 사용한다. 도수치료는 물리치료사가 평가를 통해 치료를 계획하고 손을 이용해 치료하는 방법이다. 따라서 도수치료를 마사지와 똑같다고 표현하면 실례가 된다.

라포 Rapport

치료와 환자 간에 신뢰와 유대감을 쌓으라는 의미로 심리학 용어에서 유래했고, 물리치료사 사이에서도 흔히 사용한다. 치료사와 환자의 라포형성이 잘 쌓이고 깊을수록 치료에 도움이 된다.

루틴

열전기치료 중 가장 흔하게 처방되는 핫팩, TENS, 초음파를 일컬어 보통 '루틴 치료'라 부른다. 말은 '루틴 치료'라 부르지만, 환자의 상태, 증상에 따라 온도 조절, 자극 강도, 빈도 등을 조절한다.

바스 VAS

'Visual Analogue Scale'의 줄임말로, 시각적 통증 척도를 말한다. 통증이 없음은 0점, 참을 수 없는 통증을 10으로 놓고, 통증 강도를 주관적으로 표시해 평가한다. 통증의 정도를 통해 환자가 주관적으로 느끼는 통증을 가늠하고, 치료 전후 변화를 비교한다.

소프 S.O.A.P

환자 차트를 작성할 때 이용하는 포맷 중 하나로, 비누soap와 똑같이 발음된다. 주관적 정보Subjective information, 객관적 정보Objective information, 평가Assessment, 계획Plan의 각 이니셜을 모은 단어다. '소프' 노트를 작성하고 표현하며, 임상에서 물리치료사가 흔히 사용하는 치료 포맷이며 과정이다.

알오엠ROM

'Range of Motion'의 줄임말이며, 관절가동범위를 뜻한다. 불편한 부위 또는 측정해야 할 관절가동범위는 조직 상태와 유연성을 알 수 있는 지표가 된다.

옵저버Observer

참관인, 관찰자 의미인 '옵저버'는 대학 실습생으로 병원에 나갔을 때 자주 사용하는 말이다. 물리치료사가 아닌 물리치료 전공 학생은 병원 실습 시 물리치료사가 환자를 치료하는 모습을 대부분 관찰한다. 실습생은 물리치료사가 환자를 치료할 때 보조하며, 대부분 '옵저버'로 불리며 실습한다. 물리치료사가 실습생에게 관찰하라는 의미인 '옵져베이션Observation' 하라고 표현한다.

이비피EBP

'Evidence based Practice'의 줄임 말로, 근거 중심 물리치료를 말한다. 물리치료사가 환자를 치료할 때는 과학적이고 신뢰할 수 있는 연구 근거 결과를 토대로 접근해야 함을 강조한다.

엠엠티MMT

'Muscle Manual Test'의 줄임말로, 도수 근력검사를 의미한다. 환자의 각 관절과 근력을 치료사가 수동적으로 근력 측정하는 테스트를 말한다.

중재

치료와 동일한 의미로 사용한다. 치료 중재법이라는 표현으로 동시 사용하는 경우도 있다.

캔슬Cancel

환자가 치료 예약을 취소할 때 흔히 쓰는 말이다.

케바케

'케바케'는 'Case by Case'를 뜻한다. 환자마다 케이스가 때때로 다르므로 그에 적절한 치료를 해야 한다는 의미로 사용한다.

트랜스퍼Transfer

치료사가 환자를 침대에서 휠체어로 이동 또는 휠체어에서 치료 테이블 등으로 이동할 때 쓰는 용어이다.

티피T.P

'Trigger Point'의 줄임말로, 통증유발점을 의미한다. 근육이 단단한 띠를 형성하고, 특히 뭉치고 통증을 유발하는 지점을 일컫는다.

팔패이션Palpation

'촉진'한다는 의미로, 환자 평가와 치료 시 해부학적 표지를 찾는 방법을 일컫는다.

풀타임Full time

환자 치료 시 예약표가 다 찼을 때 사용한다.

프로그레스Progress

환자가 회복되는 호전 정도를 나타내거나 물어볼 때 쓰는 표현이다.

피티P.T

흔히 물리치료사를 '피티'라고 부른다. 물리치료사의 영어명인 'Physical Therapist' 각 단어의 이니셜을 따서 편히 부르는 말이다. 퍼스널 트레이닝Personal Training과 혼용되긴 하지만 물리치료사 사이에는 '피티'는 물리치료사 의미로 사용한다.

피지오Physio

물리치료사를 'Physical Therapist' 또는 'Physio-therapist'로 혼용해서 사용한다. 'Physio-therapist'의 영어 앞 단어인 '피지오'로 흔히 표현한다. 물리치료 사이면서 트레이너로 활동하는 경우 '피지오 트레이너'라고 표현한다. 스포츠 분야에서 일하는 물리치료사는 '스포츠 피지오', 골프 분야에서 일하는 물리치료사는 '골프 피지오'라 사용한다.

패인Pain

통증Pain을 영어식 발음으로 사용한다. '패인'은 주관적으로 느끼는 불쾌하거나 불편한 느낌으로 환자의 주호소가 된다.

EPILOGUE

요즘 장수마을에 대해 공부하고 연구 중이다. 건강하게 살아가는 100세 인구가 많이 분포하는 세계 속 장수마을인 블루존blue zone을 살펴보기도 한다. 대한민국에서 100세 인구가 많은 마을을 찾아보고, 왜 장수마을이 되었는지 지리, 역사, 건강 습관, 정책 등을 찾는 재미에 시간 가는 줄 모른다. 사회에 도움 되는 일을 할 수 있지 않을까 싶어서다.

물리치료사로 사람들의 재활을 도우며 사람들이 건강하게 오래 살 수 있도록 돕는다. 이 일을 하면서 개인의 노력도 중요하지만, 사회적 노력이 있어야 더 건강하게 살 수 있다는 잠정적 결론을 내렸다. 그 노력의 일환으로 장수마을에 점점 파고들고 있다. 현재 5대 블루존이탈리아 사르데냐, 미국 로마린다, 코스타리카 니코야, 그리스 이카리아, 일본 오키나와과 대한민국의 10대 장수마을은 공기 좋고 물 좋은 자연환경을 가진다. 물론 환경뿐만 아니라 식습관, 공동체 생활, 신체활동 등을 적절히 하며 장수인으로 살아간다.

재활 중인 환자분과 대화하며 내가 이런 공부를 한다고 말하니 도시에서 사는데 그 장수마을 상황과 사례가 적용되 겠냐는 아쉬움 섞인 질문을 받았다. 그 말을 듣고 최근 여섯 번째 블루존으로 꼽히는 계획도시 국가인 싱가포르의 사 례를 찾았다. 우리나라에서도 서울 성북구 삼선동에 장수 마을 사례를 공부하며 도시형 장수마을에 대해 더 찾아보 고 있다. 앞으로 전 세계 곳곳의 사례를 공부하고 정리하며 한국형 장수마을 모델을 제시하고 싶다.

내가 공부하며 쌓은 지식과 경험으로 환자를 도우려고 할 때 오히려 환자가 새로운 관점과 방향을 알려준다. 환자에 게 질문과 피드백을 받으며 발전하고 성장하기도 한다. 이 것이 물리치료사의 가장 큰 직업적 재미이다. 요즘은 감사 하다는 생각을 많이 한다. 예전에는 고맙다는 이야기를 많 이 들어서 그랬는데, 한편으로는 이런 그 표현을 듣는 게 어 쩌면 당연한 상황이었다. 그런데 최근에는 반대로 감사하 다는 인사를 내가 더 많이 하고 있다.

신입 때 요령껏 공부하려던 나에게 기초를 강조하며 따끔 하게 이끌어주던 선배, 그중에서도 언제나 마음 따뜻했던 나의 첫 병원 물리치료실의 그리운 故 피태진 팀장님, 대학 원 시절 연구의 재미를 지도해주시고 지금도 많은 기회와 도움을 주시는 존경하는 이호성 단국대학교 교수님, 맹성 호 경희대학교 교수님, 대학 선배이자 물리치료사 권익을 위해 헌신하며 여러 도움을 주는 김재윤 조선대학교병원

교수님, 박재명 서울시물리치료사회 회장님께 감사 인사
를 드린다.

물리치료사에 관심이 있어 이 책을 읽은 분들께도 감사드
린다. 부디 이 책이 응원이 되기를 바란다. 아들의 일과 도전
을 한결같이 격려해 주시는 존경하고 사랑하는 우리 부모
님과, 조카를 보며 환하게 웃음 짓는 든든한 친형에게도 감
사의 마음을 전한다. 끝으로, 오늘도 책 쓰냐며 힘내라고 응
원해 주는 아내와 이제 막 돌이 지난 아들에게 내 가족이 되
어주어서 고맙고, 아주 많이 사랑한다는 말을 전하고 싶다.

움직임 전문가, 물리치료사

초판인쇄 2025년 9월 30일
초판발행 2025년 9월 30일

글 안병택
발행인 채종준

출판총괄 박능원
책임편집 구현희
디자인 최가은
마케팅 문선영
전자책 정담자리
국제업무 채보라

브랜드 크루
주소 경기도 파주시 회동길 230(문발동)
투고문의 ksibook1@kstudy.com

발행처 한국학술정보(주)
출판신고 2003년 9월 25일 제406-2003-000012호

ISBN 979-11-7457-149-6 03040

크루는 한국학술정보(주)의 자기계발, 취미 등 실용도서 출판 브랜드입니다.
크고 넓은 세상의 이로운 정보를 모아 독자와 나눈다는 의미를 담았습니다.
오늘보다 내일 한 발짝 더 나아갈 수 있도록, 삶의 원동력이 되는 책을 만들고자 합니다.